明清闺秀诗词小传

张觅 著

黄山书社

图书在版编目(CIP)数据

明清闺秀诗词小传 / 张觅著. — 合肥 ：黄山书社，2020.10
ISBN 978-7-5461-8097-7

Ⅰ. ①明… Ⅱ. ①张… Ⅲ. ①女作家—人物研究—中国—明清时代 ②中国文学—古典文学研究—明清时代
Ⅳ. ①K825.6 ②I206.4

中国版本图书馆 CIP 数据核字(2019)第 004431 号

明清闺秀诗词小传
MINGQING GUIXIU SHICI XIAOZHUAN
张觅 著

出品人 贾兴权
责任编辑 秦矿玲
责任印制 李 磊
装帧设计 私书坊_刘 俊 张俊香
出版发行 时代出版传媒股份有限公司(http://www.press-mart.com)
黄山书社(http://www.hspress.cn)
地址邮编 安徽省合肥市蜀山区翡翠路 1118 号出版传媒广场 7 层 230071
印 刷 安徽联众印刷有限公司
版 次 2020 年 12 月第 1 版
印 次 2020 年 12 月第 1 次印刷
开 本 880mm×1230mm 1/32
字 数 200 千字
印 张 7.375
书 号 ISBN 978-7-5461-8097-7
定 价 38.80 元

服务热线 0551—63533706
销售热线 0551—63533768
官方直营书店(https://hsss.tmall.com)

前言

中国女性文学创作源远流长，早在先秦《诗经》之中，就有女诗人的吟唱之声。虽然在几千年的封建社会里，由于“女子无才便是德”“内言不出于阃”等男权思想的影响，女性才智受到了重重约束，但仍涌现了一批具有诗心巧慧、敢于用手中的笔来真实表达自己的思想与情感的女作家。她们从女性视角来反映女性的欢喜与悲苦，标志着女性主体意识的渐渐觉醒，并以其超凡才气与敏捷才思发出了属于女性自己的声音。

汉魏时期形成了中国女性文学创作的第一个高峰。西汉初年，汉高祖的皇后吕后、汉景帝的母亲窦太后先后干政，因政治需要，后宫女子必须具备一定才学，接受一定教育，这使得宫廷才女在汉魏颇受重视。这一期间所涌现的唐山夫人、戚夫人、班婕妤、班昭、左棻等不少才女都是宫廷女诗人，她们专注于诗歌创作，尤其是五言诗的创作，成就颇高。以班婕妤为例，她所作的《团扇歌》就成为了“宫怨诗”的代表之作，清代诗学家评其“用意微婉，音韵和平”。她的家信《报诸侄书》，被认为是至今可考的中国古代女性所写的第一篇文学批评专论，体现了她“推诚写实”的文学主张。当然除了宫廷才女之外，这个时期还出现了来自社会各个阶层的女诗人，如被称为有“咏絮之才”的谢道韫、写成盘中诗的苏伯玉妻、玲珑巧心制出莹心耀目的《璇玑图》的苏蕙等，但是她们中的很多只有一首或几首诗传世，有的连名字都没有流传下来，或者只有姓没有名，或者冠以“某某妻”的称呼。

唐代是一个盛产诗歌的朝代，产生了诸多光辉灿烂的诗篇，也产生了大量女诗人。上至女皇、皇后、女官、宫人，如武则天、长孙皇后、上官婉儿、开元宫人、天宝宫人等，下到普通百姓，如唐代四大才女薛涛、鱼玄机、刘采春、李季兰，以及姓名已不可考的7岁女子、13岁的杨容华等，都有光彩照人的诗篇传世。《全唐诗》所记载的女性作家就有100多位，诗歌有600多首。唐代女性地位较高，因此女性写作自由度较大，她们的写作视野与写作题材也较前代广阔，除了抒怀咏物，书写自己的生命体验之外，还叹兴亡、感时事、写民俗，笔触或豪迈潇洒，或细腻婉转。如鲍君徽的《关山月》、花蕊夫人的《述亡国诗》、张夫人的《拜新月》等。唐代女诗人还在古代女性诗学批评史上首先使用了“以诗论诗”这种文学批评形式，也就是论诗诗。薛涛的一些赠答之作就有评价对方的诗歌才情或叙述自己的创作体会的内容：“浩思蓝山玉彩寒，冰囊敲碎楚金盘。诗家利器驰声久，何用春闱榜下看。”唐代女诗人已经有了女性主体意识的初步觉醒，鱼玄机就自负才情，期待有一展所长的平台，渴望和男子一般建功立业，却知此想法不可能实现，因此慨然长叹：“云峰满目放春晴，历历银钩指下生。自恨罗衣掩诗句，举头空羡榜中名。”

宋代女性文学发展到了一个新的高峰，诞生了如宋代四大才女李清照、朱淑真、张玉娘、魏夫人这样才华横溢、诗书画皆通的女子。她们涉足的文体除了诗之外，还有词。她们具有过人的天赋和才能，诗词中透露出她们独特的审美个性，在审美过程中表现出既婉约纤细又自由潇洒的生命魅力。宋代出现了有“千古第一才女”之称的李清照。李清照在词作上的巨大成就，让她得以与第一流的男性文人比肩而立。她为一代婉约词宗，词作婉约清新，形成了特有的“易安体”，她还作下词学专论《词论》，在其中提出了自己对词“别是一家”本质内涵的体认，这是古代第一篇系统的词学专论。宋代理学大肆推崇“三从四德”，宋代女性的灵性虽然遭到压抑，却并不会被束缚住。与李清照齐名的朱淑真曾作下《自责》二首，慨叹“女子弄文诚可罪，那堪咏月更吟风”，“添得情怀转萧索，始知伶俐不如痴”，表达了对不公待遇的激愤与抗议。她追求自由平等的恋爱，曾大胆作下“娇痴不怕人猜，和衣睡倒人怀”的率真浪漫之作。只活了短短 24 年的女诗人谢希孟则道“英灵之气，不钟于世之男子，而钟于妇人”，坚信女性有不输于男子的才气与灵气。

到了明清时期，古代女性文学创作十分繁荣。据胡文楷《历代妇女著作考》统计，明代女性作家多达 243 人，已经超过历代的总和。清代紧承明代的发展势头，并进一步发展，女性作家有 3660 多人，开创了女性文学创作的新局面与新高度。这个时期女性创作的特点便是女性创作主体开始由宫廷女子和青楼女子向闺秀转变，涌现了大量出色的闺秀作家。

明清闺秀作家的大量涌现，跟当时江南经济文化的发展、世家大族对女子教育的重视以及文人名士对女子才智的推崇与肯定是分不开的。当时文人热衷于编辑闺秀诗集或闺秀诗话，并且普遍接受了宋代女诗人谢希孟的“英灵之气，不钟于世之男子，而钟于妇人”之思想。晚明《古今女史》编者赵世杰说：“海内灵秀，或不钟男子而钟女人，其称灵秀者何？盖美其诗文及其人也。”明末清初《红蕉集》编者邹漪道：

“乾坤清淑之气不钟男子，而钟妇人。”清代小说的巅峰之作《红楼梦》中的宝玉也言：“凡山川日月之精秀只钟于女儿，须眉男子不过是些渣滓浊沫而已。”

正因为较为宽松的经济文化环境，以及较为良好的书香氛围，明清时期的闺秀比以往任何朝代都热烈地投入文学创作中，并且积极参与文学活动，赋诗题咏，结社唱和。如晚明时期叶氏午梦堂一门风雅，沈宜修与三个女儿彼此唱和，是为家庭诗社；桐城方氏家族方维仪、方孟式、方维则、吴令则、吴令仪常聚在一起吟诗作画，被称为“名媛诗社”。这些都是家族性的诗社。此外还有闺友间的唱和，如万历年间(1573—1620)“吴门二大家”徐媛和陆卿子之间的唱和。明清部分女性甚至走出闺门，游山玩水，拜师学艺，开展文学活动，拓宽文学视野，增长文学自信。她们虽然是清心玉映的闺房之秀，却也具备落落大方的林下风度。不少闺秀作家还大胆地与男性文人进行诗词唱和，比如王端淑、吴山、黄媛介等。这些唱和雅集的活动，进一步扩大了她们的文学影响力，因此便促成了地区性、师友性以及全国性的女性诗社的出现。地区性的诗社有杭州地区的“蕉园诗社”、苏州地区的“清溪吟社”等，师友性的诗社有袁枚的“随园女弟子”、陈文述的“碧城女弟子”等，全国性的诗社则有顾太清和沈善宝等在京城组建的“秋红吟社”等。《红楼梦》中的海棠诗社、桃花诗社正是当时闺秀诗社的生动写照。

明清闺秀所创作的诸种文体趋于完善，体裁也由单纯的诗词歌赋而趋向多样化，如散曲、戏剧、弹词、章回小说等。但她们最为钟情的体裁仍是诗词，诗词创作蔚为大观。闺秀作家用极其敏感的心来捕捉周围一切微小而精妙的变化，并用清新流丽、婉约优美之语体现在诗词之中，让人们惊叹其心灵世界的博大丰富。其作品的创作类型也进一步拓宽，覆盖山水、题画、咏物、题壁、咏史、和友等多种题材。其中更有相当一部分女性作家涉足女性诗学批评，她们热衷于编选女性诗文作品，撰写女性诗话和论诗诗等，如熊琏作《澹仙诗话》、沈善宝作《名媛诗话》、恽珠作《国朝闺秀正始集》、陈芸作《小黛轩论诗诗》等。这些女性作家大多具备了独立的诗学身份，女性主体意识进一步加强，她们的诗学思想也开始由零散化、碎片化逐渐走向思辨化、系统化。女性诗学批评的日趋丰富进一步刺激了女性的创作热情，且加剧了女性作品的传播度，不少女性作品因为保存在女性诗学批评之中而得以流传下来。

本系列图书用人物小传与作品鉴赏的形式，对历代女性作者及其作品进行梳理和品鉴，力求再现那个时代各个阶层的女性作者群像及其掌上心事、腕底波澜与旖旎才情。笔者希望，这三本小书，能带读者了解她们跌宕起伏的人生际遇，聆听她们荡气回肠的心灵之声，走进她们丰富细腻、瑰丽多彩的精神世界。

目录

朱妙端

可怜不遇知音赏，零落残香对野人

朱妙端是明初女诗人，在明成化、弘治年间（1465—1505）颇有诗名。她与孟淑卿、陈德懿一起号称“明初三秀”，但关于她们三人生平的记载都极简略，流传下来的诗词也不多。

朱妙端字仲娴，又字令文，号静庵，浙江海宁人。她出身书香门第，为尚宾司卿朱祚之女，尚宾司卿在当时是个正五品的官职。朱妙端从小家境优越，备受父母宠爱，而她又自幼颖悟，博览群书，得到诗书滋养，因此善于诗文，少女时代就笔耕不辍，一生著述颇丰。

《玉镜阳秋》对她评价很高：“上方古人，可接李清照、郑允端之武；下视近代，颇出陆卿子、徐媛之右。”李清照是宋代著名女词人，郑允端是元代著名女诗人，而陆卿子、徐媛都是明末清初出色的女作家，朱妙端能与这些不同凡响的才女并肩，可见其诗文造诣之不凡。

13 岁那年，朱妙端的父亲不幸去世了。这对于她来说是一个重大打击，幸好她还有母亲陪伴。后来她嫁给了教谕周济。教谕是明代县学所设立的掌文庙祭祀、教育生员的文官职位。虽然夫妻二人都是读书人，但朱妙端才学出众，丈夫显然相形见绌。婚后，她对丈夫很不满意，无奈叹道："可怜不遇知音赏，零落残香对野人。"她梦想的是才子佳人、夫唱妇随的生活，但丈夫并不是她的知音，跟兰心蕙质的她一比，周济竟是个"野人"了。她纵然是字字珠玑，满篇光华，可丈夫完全不能欣赏，这让她感到十分失落与惆怅。

好在丈夫对她体贴，也从不干涉她创作，亦骄傲于自己有个才女妻子，生活又富足无忧，朱妙端过得还是很幸福的。她虽然偶尔会抱怨丈夫的不解风情，但两人还是甚为恩爱。婚后不久，她便生了一个儿子。

因丈夫文才平庸，朱妙端便时常代丈夫作一些诗词，其诗才胜过丈夫十倍。丈夫钦佩妻子才华，也乐于如此。如她替丈夫作下的《答李都宪代夫作》，端庄大方中又不失她特有的文雅与灵秀：

独坐空堂玉漏迟，故人何处不相知。
虫声依井夜将半，花影横窗月上时。
促席每聆高世论，挑灯重看旧来诗。
恨无双翼飞腾去，几度临风动客思。

她曾作下《竹枝词》二首，描画了西湖边的江南民间风俗，清新自然，用语有唐人之风，但又蕴含闺秀之雅致，历来为人所称道：

西子湖头卖酒家，春风摇曳酒旗斜。
行人沽酒唱歌去，踏碎满堤山杏花。
横塘秋老藕花残，两两吴姬荡桨还。
惊起鸳鸯不成浴，翩翩飞过白苹滩。

她所作下的一首《湖曲》也有竹枝词的清新之意，描写的是湖光山色、茅屋疏篱，笔触清新秀丽，“闲摘松花酿春酒”句脱胎于元人张可久《人月圆·山中书事》中的“山中何事，松花酿酒，春水煎茶……旋摘荷花制秋衣”之句，则又来源于屈原《离骚》中的“制芰荷以为衣兮，集芙蓉以为裳”，可见朱妙端充分吸收了前人作品的营养，将之信手拈来，化入自己诗作之中，十分熨帖：

湖光山色映柴扉，茅屋疏篱客到稀。
闲摘松花酿春酒，旋摘荷花制秋衣。
红分夜火明书屋，绿涨晴波没钓矶。
惟有溪头双白鸟，朝朝相对亦忘饥。

朱妙端笔下亦有忧国忧民、悲悯世人之作，说明她不局限于闺房的秀雅温静，而有了一定的社会意识。如《春蚕》一诗，她在其中便寄托了自己对农家女采桑养蚕、彻夜不眠之辛劳的同情：

交交戴胜屋头鸣，桑叶青青鸟已生。
女儿守箔无夜寐，切叶喂蚕天欲明。

后来朱妙端的丈夫死于福建光泽任所，她扶柩而归，从此开始寡居生活。但让她备觉安慰的是，儿子对她很孝顺。母子相依为命，生活宁静温馨，波澜不惊。到了晚年，朱妙端随子迁居江宁，这首《客中偶成》，大约就是她此时的作品：

异乡久为客，风雨阻归程。
两岸数峰碧，孤舟一羽轻。
篷窗残烛在，烟树早鸦鸣。
坐待东方曙，依稀见海城。

诗中虽然有孤独之感，但是笔力雄健，如“两岸数峰碧，孤舟一羽轻”，凛凛有豪迈之气。而“坐待东方曙，依稀见海城”又觉豁然开朗，显然她写此诗之时，并不因自己在异乡的孤独飘摇而怨怼烦闷、哀怨缠绵。这也是因为她生活恬静、胸襟开阔。

她活到 80 多岁才去世，在古代已是难得的高寿了。晚年，她细细梳理自己的诗词，将作品整理汇编成一本《静庵集》。清代王士禄《宫闺氏籍艺文考略》引《碧里杂存》称赞她：“静庵博学高才、遗文垂后、才识纯正、词气和平、笔力雄健，真闺门之懿范，女德之文儒也。”

孟淑卿

无情最是枝头鸟，不管人愁只顾啼

孟淑卿，和朱妙端一样，是“明初三秀”之一，约明宪宗成化年间(1465—1487)在世。她的父亲孟澄是一名训导。训导是从七品的文官，辅佐教谕以教育生员。孟淑卿的父亲本身从事教育工作，对子女的教育也是倍加重视。

孟淑卿自幼受父亲教导，又兼生性聪慧，长大后素有才辩，工于诗词。但可惜的是，如此出色的女子，也并未能嫁到称心如意、品貌相配的郎君，“自以所配不偶”。好在丈夫待她宽厚温和，并给她的写作予以欣赏与支持。

孟淑卿生性疏朗洒脱，丈夫不能懂她及她的诗文，她便自号荆山居士，常与闺房之外的文士自由来往，并不忌讳他人的眼光，也不畏惧他人的话语。因此，她便常常遭到当时的“道德人士”的猛烈批判，但她依然我行我素，并不以为意。

她的诗大多清丽生动，还有几分俏皮，虽然写作题材狭窄，立意也并不新颖，喜欢沿用前人的意象，但她能比较真挚地抒发自己的情感，表达自己的思想，自有一番动人之处。如《春归》：

落尽棠梨水拍堤，凄凄芳草望中迷。
无情最是枝头鸟，不管人愁只顾啼。

又如这首《春日偶成》，明丽意象信手拈来：

泼眠韶光日正长，虾须帘卷燕飞忙。
画楼绿暗欹杨柳，舞榭红多睡海棠。

《秋日书怀》中，她说一弯如钩残月，钓起了新愁与旧愁，想象奇妙：

蝉咽庭槐泣素秋，几行新雁度南楼。
天边莫看如钩月，钓起新愁与旧愁。

她也写有闺怨的诗，自有幽怨缠绵之意，虽难免脂粉气息，但清雅自然，毫不矫揉造作。如《题采莲美人图》：

绿槐蝉静日偏长，懒爇金炉百和香。
莫摘池中莲子看，个中多半是空房。

在明代，一些有才学的女性渐渐具有了足够的文学自信和自我意识，除了进行自发的文学创作之外，也已经开始把视线转向了自觉的文学批评方面，以自己独到的女性视角对他人的作品进行文学评点，并对自己的文学创作进行反思。孟淑卿便是其中之一。

她曾论诗道："作诗贵脱胎化质，僧诗无香火气，女诗无脂粉气，秀士诗无寒酸气，道士诗无修养气，山人诗无幽僻气，朱淑贞固有俗病，李易安可与语耳。"这番话道破了朱淑真和李清照的最大差别，朱淑真诗词仍有脂粉气息，不脱俗套，为闺房之作，而李清照的诗词则已脱尽闺阁之气，清雅脱俗，落落大方，有林下风气。她的这番见解很为士林所赏识。

历史上关于她的记载并不多，仅见于《明史·艺文志》。她著有《荆山居士诗》一卷，也已散失，只有几首诗流传了下来。

黄娥

梦断魂萦人又远，对花枝空忆当年

黄娥，字秀眉，是四川遂宁人，明代中叶女文学家。黄娥出生于一个官宦之家，父亲黄珂是明朝成化年间的进士，官至工部尚书。母亲聂氏，是黄梅（今属湖北省）县尉聂新的女儿，识文断字，知书达理。黄娥长大之后嫁给了当时的状元郎、文学家杨慎。因此她被称为“尚书女儿知府妹，宰相媳妇状元妻”。

黄娥自幼聪明伶俐，在母亲的教导下，好学上进，琴书俱佳，更擅长作诗文、填词曲，少女时代她就以诗曲名满京城。明代文学家、书画家徐渭对她十分推崇，在《杨夫人乐府序》中评论她的散曲“旨趣闲雅，风致翩翩，填词用韵，天然合律”。

少女时候的黄娥深受父母宠爱，过的是官宦人家千金的无忧无虑的生活。她生性天真烂漫、活泼可爱，写的诗词也俏皮生动，她在《闺中即事》一诗中写道：

金钗笑刺红窗纸，引入梅花一线香；
蝼蚁也怜春色早，倒拖花瓣上东墙。

黄娥还曾写过一首《仕女图》。这是一首“骂玉郎”“感皇恩”“采茶歌”三个同属南吕宫的曲牌组成的带过曲，描写的是仕女的闺中群像。

骂玉郎

一个摘蔷薇刺挽金钗落。一个拾翠羽，一个捻鲛绡，一个画屏侧畔身斜靠。一个竹影遮，一个柳色潜，一个槐荫罩。

感皇恩

一个绿写芭蕉，一个红摘樱桃。一个背湖山，一个临盆沼，一个步亭皋。一个管吹凤箫，一个弦抚鸾胶。一个倚阑凭，一个登楼眺，一个隔帘瞧。

采茶歌

一个愁眉雾锁，一个醉脸霞娇。一个映水匀红粉，一个偎花整翠翘。一个弄青梅攀折短墙梢，一个蹴起秋千出林杪，一个折回罗袖把作扇儿摇。

有一群少女，她们在园林中游玩，有的在摘蔷薇，小心地避开尖刺，却不防自己头上的金钗坠落了，有的在一根一根拾起鸟儿落下的翠绿色的羽毛，有的在捻着自己的手帕想心事，有的在画屏旁侧着身坐着，有的则分别在竹影、柳色、槐荫中站着。还有的呢，在绿芭蕉上写字，有的在摘红樱桃，有的在湖山后面玩，有的在小池旁玩，有的在水边的亭子里玩，有的在吹箫，有的在抚琴，有的在倚着阑干，有的在登楼远眺，有的在珠帘后面偷偷儿瞧人，有的愁眉不展，有的醉醺醺的脸像明霞一般娇艳，有的对着水面擦匀脂粉，有的靠着花丛整理自己的钗子，有的去摘短墙上的青梅，有的在荡秋千，还有的热了，便把袖子当扇子那样扇风。

这支曲子没有过多的辞藻堆砌，干脆利落，灵巧生动。14 句，写了 24 个仕女，每一个有不同的动作、姿态、表情，栩栩如生。每一句，都鲜艳妩媚，袅娜风流，都可以独立成为一幅仕女画，几乎写尽了仕女图所有的题材。甚至后世文人，有不少便是以此为主题画仕女图，如吹箫仕女图、执扇侍女图、倚阑仕女图等。

后来，黄娥的父亲黄珂有感于朝廷的腐败，加上自己年事高迈，便辞官不做，携带家眷回到了四川遂宁老家。闺阁之中，黄娥忆及京城旧事，灵感突来，于是轻拨琴弦，弹唱了自己作的《玉堂客》散曲以抒胸怀：

东风芳草竞芊绵，何处是王孙故园？梦断魂萦人又远，对花枝空忆当年。愁眉不展，望断青楼红苑。合离恨满，这情衷怎生消遣！

这首散曲很快在京城流传开来，黄娥更加声名远扬。

正德六年(1511)，少年英才杨慎殿试第一，明武宗钦赐朝服冠带，授翰林院修撰。此时黄娥才 12 岁，她听说杨慎金榜题名，才华横溢，心中便暗暗含了一份倾慕之意。

杨慎，字用修，号升庵，新都(今四川成都新都)人，是当朝首辅杨廷和的长子。杨慎少年聪慧，11 岁能写诗，12 岁写了《古战场文》《过秦论》，长大后更是成为著名的文学家和学识渊博的学者，兼擅经学、史学、哲学、语言学、音韵学、金石学、书法、绘画、戏曲音乐和民俗文艺。

黄娥长到了 15 岁，正当及笄之年，生得明艳端庄、秀色夺人。于是前来求婚的官宦子弟络绎不绝，但黄娥一再向父亲表明心迹，她心中的如意郎君，是像杨慎那样博学多才的“有匪君子”。父亲开明，尊重女儿的意愿。只是黄娥长大之后，杨慎早已成婚了，像他那样的少年英才实在难得。黄娥千挑百选，都无中意之人，黄娥的婚事便耽搁了下来。父亲未免忧虑不已，但黄娥异常坚持，宁愿独身，也不愿将就。

时光荏苒，一晃 6 年过去了。正德十二年(1517)，杨慎因上疏不利，于是以养病为名，回到老家新都读书自娱。不久，杨慎原配夫人病故。次年，杨慎得知黄娥尚未许人，又听闻了她的心意，便征得父亲的同意，遣人做媒。

黄娥自然欢喜不已，她从来没有想过，还有真正等到他的那一天。于是，杨慎便亲往遂宁迎娶黄娥。如此一来，有情人终成眷属。

婚后，黄娥与杨慎既是诗友，又是夫妻，两人携手花前月下，共同填词作曲。他们住在状元府西端的石榴阁。新婚燕尔，石榴花开得绚烂如霞。在古代，石榴多籽，有多子多福之意。黄娥心中愉悦欢乐，含笑望向丈夫，提笔写出了一篇《庭榴》：

移来西域种多奇，槛外绯花掩映时。
不为秋深能结实，肯于夏半烂生姿。
翻嫌桃李开何早，独秉灵根放故迟。
朵朵如霞明照眼，晚凉相对更相宜。

杨慎看到黄娥的诗词曲作都不由得大加赞赏。他对妻子的才学极其欣赏，曾称黄娥为“女洙泗(女孔子)，闺邹鲁(女孟子)，故毛语(女毛公)”。

夫妻俩这样诗情画意、两情相悦的温馨生活若是能一直这样延续下去，足可以称为“只羡鸳鸯不羡仙”了。可惜，黄娥惬意宁静的生活很快受到了现实的打搅与摧残。

明武宗驾崩后，堂弟朱厚聪继皇帝位，即后来的明世宗。明世宗为了集中权力，扶持自己的势力，处处寻找机会打击以杨慎为首的内阁派。嘉靖三年(1524)七月，杨慎等190人被投入监狱。两次受到廷杖后，杨慎被谪戍云南永昌卫。来不及与妻子告别，他便被押送上路。

黄娥听到消息后，如闻晴天霹雳。她赶紧冒着风霜，亲自率仆人赶到渡口去护送杨慎。她赶至天津口，改乘大船，沿运河入长江，溯江而上，终于追上了丈夫。黄娥见平日里意气风发的丈夫憔悴不已，大为心疼。

在黄娥的精心护理下，杨慎的杖伤逐渐好转。当船行至江陵驿站，杨慎力劝妻子回四川新都老家，以免跟着他奔波受苦。黄娥含泪应允。夫妻二人双手相握，四目相对，难分难舍，只有暗自哀痛而已。从此，他们天各一方，长达30年不能相知相守，备受相思煎熬。

为了安慰丈夫，黄娥给丈夫寄去一块素净的手帕。手帕以丝织成，“横也丝来竖也丝”，即是“横也思来竖也思”。知妻莫若夫，杨慎明白妻子的心意，百感交集，提笔在素帕上写道：“不写情词不写诗，一方素帕寄心知。”

黄娥又写下一首《寄外》诗，缠绵哀怨，闻名当世：

雁飞曾不到衡阳，锦字何由寄永昌？
三春花柳妾薄命，六诏风烟君断肠。
曰归曰归愁岁暮，其雨其雨怨朝阳。
相闻空有刀环约，何日金鸡下夜郎？

漫长的独居岁月里，她只能以诗词曲自娱，眼睁睁地空耗了大好青春，从红颜到白发。直到双鬓落满白霜，她仍旧没有等到丈夫的归来。只是一叠又一叠的诗词曲稿，记录着这奔流不返的孤独岁月。

30 多年后，杨慎在云南病故，此时黄娥已经年过花甲。她不顾一切赶到泸州，迎得丈夫的灵柩返回归葬。夫妻俩曾经生离，如今又是死别。人生最痛苦之事，莫过于此，她摧心伤肝。不久之后，黄娥也郁郁而终。

黄娥博通经史，所作之诗、词、曲皆不输于丈夫杨慎，两人同为著名的文学家，时人誉为“自是世间难见事，杨家夫妇两词人”。但黄娥因长期独居，讳于人言，故而随写随毁。杨慎也曾叹道：“易求海上琼枝树，难得闺中锦字书。”黄娥流传出去的作品也多与丈夫作品相混，以至于真假莫辨。

她尤其工于散曲，风格缠绵悲切，有“曲中李易安”之誉，在明时已有刊本《杨升庵夫人词曲》5 卷，又有《杨夫人乐府》。近人将夫妻两人之作合编为《杨升庵夫妇散曲》。

倪仁吉

雨过风留竹，凉回月吐山

倪仁吉，字心蕙，自号凝香子，浙江浦江倪大村（今属浙江兰溪）人。她早慧颖悟，博通经史诗文，著有《凝香阁诗集》《宫意图题语》《宫意图诗》《山居杂吟》等。她兼工书画，还精于刺绣，可谓诗、书、画、绣四艺俱绝。

倪仁吉的父亲倪尚忠是明代万历年间（1563—1620）进士。倪仁吉于 1607 年生于江西吉州，倪尚忠晚年（57 岁）得女，尤为珍爱。为纪念女儿的出生地，又希望女儿一生吉祥如意，倪尚忠便按“仁”的辈分，给女儿取名“仁吉”。

在倪仁吉出生的同一年，倪尚忠便辞官回到家乡。他回乡后，在离住宅不远的小湖旁，建筑了一座小阁楼，在旁边种满花草树木，并常常在那里徜徉，欣赏山水风光，感受花香草气。这里风景旖旎，恍若世外桃源。这也是倪仁吉孩童时代的乐园。倪仁吉后来写道：“余家居兰浦之间，溪山深秀，壑树窗幽，既车马迹所不到，而村人多朴野，自治田外，无所事事，里中或称小桃源云。”

此时，父亲倪尚忠把全部爱心放在培养子女尤其是幼女倪仁吉身上。因为处于比较宽松开明的环境中，倪仁吉也得以自由地成长。

在父亲的精心培育下，倪仁吉十二三岁便多才多艺，能诗、善绣、会书画，令人惊叹不已。倪尚忠很为有这么一个出色的女儿而骄傲，常常拿着她的作品给人看，倪仁吉因而才名远扬。

在倪仁吉的《凝香阁诗稿》中，留下了几首记录少女生活的诗，文字清雅可爱。

同傅夫人游虎跑戏成

媚靥堆春玉削肩，临风竹径步蹁跹。

回身更向池头照，水面新开别样莲。

花　朝

苦无佳况可酬春，满眼园林淑景新。

花底穷愁花上月，年年长伴看花人。

归舟怅别

春江渺渺难为梦，烟柳丝丝易绾愁。

回忆西泠欢笑事，酿成离恨满归舟。

正因为年少时光如此安逸宁静，所以倪仁吉一生中总是不断地回忆少女时在家乡的时光，家乡是她心底永恒的温暖，也是她艺术灵感的来源。

在倪仁吉 14 岁时，母亲去世了。父亲为了给她找一个合心意的婆家，便采取了“以文取郎”的择婿标准。父亲希望未来女婿能够懂得欣赏并保护好女儿的才华，而不一定是豪门大户。于是，在倪仁吉 17 岁那年，嫁给了40里外义乌青口大元村秀才吴之艺为妻。如父亲所料，两人婚后志趣相投，很是恩爱。

吴之艺也是世代书香门第，但到了吴之艺的祖父和父亲两代，就没有出任官职了。吴之艺排行第四，他的3个哥哥也都只是苦读未仕的秀才。吴之艺的母亲龚氏把所有的希望寄托在小儿子的身上，催促他早日登第，从而给了他很大的精神压力。

吴之艺虽然刻苦攻读，后来却仍不幸落第。知道消息后，他一直滞留在外，不敢归家面对母亲。独守空闺的倪仁吉思念丈夫，却迟迟不见丈夫归来，心中愁闷，写下两首题为《寄外》的七律：

新诗赋寄远人收，别后风光淡若秋。
芳草无情迷路迹，杜鹃有恨咽枝头。
只缘弹铗怜羁客，非睹垂杨悔觅侯。
莫向天涯劳鲤素，春闺此日惯经愁。

落日平林倦鸟投，何缘游子尚淹留。
每疑帘竹频推枕，恐错归航不倚楼。
风送榆钱宁买梦，春槎柳绿正牵愁。
潇潇又值空阶雨，滴碎窗西未肯休。

在吴之艺父亲出葬的时候，吴之艺终于回来了，但身体相当孱弱了。回来之后，他忙于家中各种繁杂之事，于是突发大病，这一病就再也没有起来。在吴之艺病重之时，倪仁吉白天精心照顾丈夫，细心伺候汤药，夜晚暗自垂泪，对天祷告。但她的种种努力还是没能挽回丈夫的生命。

当得知丈夫快要撒手人寰时，年仅 20 岁的倪仁吉悲伤过度，痛不欲生，流露出轻生之意。吴之艺担心妻子在他去世之后失去精神支柱，于是便托付她照顾自己的母亲。这给了倪仁吉生活下去的勇气。

吴之艺去世之后，倪仁吉便常常弹琴排遣心中的凄凉孤独，作有《弹琴》一诗：

梨花小院舞风轻，漫理冰丝入太清。
一片梧桐心未死，至今犹发断肠声。

吴之艺和倪仁吉并未生子。在吴之艺死后，他的 3 个兄长分别把自己的儿子吴云将、吴云亭和吴云津过继给倪仁吉为子。一下子多了 3 个儿子，倪仁吉便一力承担起“立嗣奉姑”的重任。她在仰止堂办起家庭书院，亲自授课，因材施教，颇有成效。她对待婆婆如同自己的母亲一般。为了补贴家用，她又勤于女红，拿自己的刺绣作品换些银两。

时间能治愈一切，倪仁吉的丧夫之痛渐渐平复，她的生活也逐步恢复宁静。她这时的诗歌看起来也比较恬然雅静，恢复了闺秀本色。如《幽居即事》：

小筑依山远俗华，幽楼自拟上清家。
只携瓶水时浇菊，旋拾枯枝漫煮茶。
独坐怡情堪茂树，饱餐清味足明霞。
秋来野况同麋鹿，墅外矶头度岁华。

1644 年，李自成攻取北京，不久清兵入关，天下大乱。义乌大元村也受到较大的冲击。此时倪仁吉公婆均已去世，继子也已经长大成人。

她无牵无挂，决定回到浦江故乡避居一时。

她在异乡漂泊多年，一直孤苦伶仃，此时回到家乡，才感觉回到了真正的家，也感觉找回了真正的自己。家乡村人朴野醇厚，环境宁静幽美，还是她记忆中的世外桃源模样。虽然父亲和兄长都已去世，但嫂子及侄女们见到倪仁吉都很高兴，热情地欢迎她。最让她欢喜的是，她极为疼爱的侄女倪宜子也回乡来探望她。她曾盛赞侄女："天资颖异，机警灵巧，凡琴棋箫管，诗画针绣，靡不通晓。"视她为自己的骄傲。

倪仁吉曾愉快地回忆道，回乡后"与吾嫂氏暨二三女伴，选胜尽日，盘桓山径中，于时残雪凝峦，梅馨初逗，竹声戛玉，涧溜鸣琴，野况撩人，清思可掬"。她在异乡，首先是为丈夫活，丈夫去世之后，便是为了公婆和继子活。此时回到家乡，她终于可以为自己而活了。于是她的许多优秀的刺绣、绘画、诗歌作品，便在此时诞生了。

倪仁吉独居乡间，平生喜欢竹子，于小院中亲手遍植竹子。她曾作《暑夜雨后》：

雨过风留竹，凉回月吐山。
幽栖深有谷，销夏更无湾。

相传，莱阳董樵处士游历浙江，慕倪仁吉才名，登门拜访，两人相见，谈得极投机。临别时，倪仁吉砍了一枚竹子赠给董樵处士。君子之交，其淡如水。

恬静的家乡山野让倪仁吉心中充满了幸福感，她拿起笔，闲闲地记录着农村风物、农家生活与农事活动。1658 年，倪仁吉 53 岁时，她作下了一组《山中四时杂咏》，共 140 多首，分季节来进行歌咏山居生活，其中写女子农事的尤为朴实生动：

采　桑

柳塘蛙阁阁，花坞蝶飞飞。
窈窕桑间子，提笼陌上归。

纺　纱

新丝少女成，机杼云欲就。
拟制绛萝裙，端阳看龙斗。

织　布

银蟾匝井梧，金风破残暑。
流光自催人，张灯向机杼。

刺　绣

樱桃斜映窗，欲折钩频惹。
花底恣优游，停针记春社。

她作了不少画，尤其善画美人，当时人称“得其书画片羽者，皆珍若拱璧”。她还给自己的画题诗，她的诗集《凝香阁诗稿》就收有《题画诗》五绝17首、《题自写丽人图诗》七绝13首。“设意中之景，想景中之人，写人中之画，作画中之诗，对其景而其人呼之欲出，而其人之才与情亦无不毕出”，充分展示出一代才女极其丰富唯美的内心世界。

倪仁吉除了擅长诗文书画琴之外，她还以刺绣闻名于世，是明代仅次于韩希孟绣名的女艺人。她能结合水墨画法，以绣代笔，活用针法，从而使刺绣生动逼真且难觅针线痕迹。

为了总结刺绣经验，倪仁吉编著了刺绣专著《凝香绣谱》一书，遗作有《五福图》《种树图》等。最令人称绝的是倪仁吉的发绣，传世之作有《发绣大士像》。

陶贞怀

千伶百俐多机变，心性刚强气又英

陶贞怀是明末清初著名的弹词女作家。她是江苏无锡人，关于她的生卒年及生平都没有详细的历史记载，仅可从她的作品自序中窥见一二。

陶贞怀也是现在所知的最早写弹词的女作家。她所作的《天雨花》是我国第一部由女性所作的弹词作品。弹词是由宋代的陶真（宋代民间流行的一种说唱技艺）和元代的词话发展起来的。在某种意义上，弹词可以说是一种韵文体的长篇小说，在清代更是风靡一时，很受女性读者的欢迎。当时很多女子在闺中之时会手抄一份厚厚的弹词作为自己的嫁妆，让它陪伴自己一生。

明清女子亲自创作或改订的著名弹词小说除了陶贞怀的《天雨花》外，还有陈端生的《再生缘》、邱心如的《笔生花》、程蕙英的《凤双飞》、侯芝的《再造天》《锦上花》等，且每一部弹词小说都是数十万字甚至是百万余字，写一部弹词几乎要耗尽一个女作家一生的心血与岁月。

陶贞怀的父亲是明末的一位隐士。父亲博学多才，也重视女儿的教育。陶贞怀从小聪明伶俐，又遍览群书，尤其喜读英雄史传，因而才识过人，更有一种巾帼不让须眉的豪迈之气，很得父亲的钟爱。父亲称赞她“有木兰之才能，曹娥之志行”。

明末江山飘摇，身处乱世之中，陶贞怀在闺中之时，便受父亲影响，对时事也极为关心，渴望能有英雄之士力挽狂澜，拯救苍生。她自己是女儿家，虽然凌云壮志，却无法一展抱负，胸中尽是愤懑不平之气。当时弹词正开始风行，陶贞怀于是将胸中之志尽倾注于笔下，以父亲的口授经历为素材，集史事与现实为一体，再加上自己的构想，撰写长篇弹词《天雨花》。

她成人之后，嫁给了一位从军之人。婚后她生了一个儿子，有过短暂的温馨与甜蜜的生活。虽然家庭琐事缠身，但她仍然抽出时间继续创作弹词小说《天雨花》。其时清军入关，丈夫从军在外，久不归来，而她的儿子年龄幼小，又生了重病，陶贞怀独自一人身心俱疲，苦苦支撑。

然而不管她如何尽心尽力，不久后儿子仍然因病去世，陶贞怀悲愤交集，哀痛欲绝。由于心伤幼子之死，再加上夜以继日的写作，她的精神和体力都无法再继续承受这样的压力，她终于病倒了。病来如山倒，这一病就是 5 年，而且没有好转的迹象。

陶贞怀自知时日无多，就在病床之上，强撑病体，细细整理《天雨花》旧稿，终成 32 卷的巨著，共 30 回，约 90 万字。如此皇皇巨作，凝聚着她一生的梦想与抱负。

《天雨花》寄托了陶贞怀深深的亡国之痛，她把毕生的心血全部倾注于这部弹词之中。全书的宗旨，卷首《原序》说明是“悯伦纪之棼乱，思得其人以扶伦立纪，而使顽石点头也”。

《天雨花》写的是明朝万历、天启年间朝廷内部奸臣当道、国无宁日的现实状况，既披露了明末宫廷“三大案”的真相，又以女性的视角对专制家庭表示了反抗。前半部分写的是“忠臣而兼智士”的官员左维明与奸臣之间的斗争，后半段写的则是左维明的女儿左仪贞的出色才识与过人胆识。左仪贞聪明伶俐，智勇双全，是书中大放光芒的人物。在她身上，也寄托了作者全部的政治理想与抱负。左仪贞与权臣斗智斗勇，最后手刃奸臣，为国除害，大快人心。可惜明朝国运已尽，朝廷走向灭亡，个人无法力挽狂澜，左维明便义无反顾地带领全家和亲友沉船殉节，结局十分悲壮沉痛。

整部作品结构恢弘，描写细腻，但对作为“完人”和“顽人”的左维明的人物刻画显得脸谱化，相比之下，左仪贞的形象塑造更显得鲜活饱满，光彩照人，她性格倔强，极有主见。陶贞怀借左维明之口称赞左仪贞：

至于一个仪贞女，质地非凡是性成。
千伶百俐多机变，心性刚强气又英。
能言快语兼有意，天赋聪明此女身。

《天雨花》中不仅仅刻画了左仪贞的形象，还细致刻画了许多不同地位不同命运的女子，并给予了深切关注与真心悲悯，人物也塑造得个性鲜明。

《天雨花》一经问世，便受到了民众的热烈欢迎，在刻本问世以前便以抄本流行，是民间流传很广、影响很深的弹词作品之一。它对戏曲创作颇有影响，京剧《盘龙剑》、评剧《御河桥》、越剧《天雨花》、川剧《三错缘》、闽剧《黄静英迫水》均据此弹词章节改编。清代诗人陈文述在《西泠闺咏》中把它和《红楼梦》并提，称“南花北梦”，又把它和《再生缘》并列，称“闺阁中咸喜观之”。

方维仪

闲坐小窗初病起，西林皓月几回圆

方维仪，字仲贤，安徽桐城人，1585 年出生，为明末著名女诗人、画家。祖父方学渐，是明代著名学者。父亲方大镇为万历年间进士，官至大理寺少卿。因此，方维仪幼承家学，博学多才，兼工诗画。

17 岁那年，方维仪嫁同乡姚孙棨为妻。从此她的命运发生了巨大的改变。她结婚时，姚孙棨已经患病 6 年，虽然疼爱妻子，却缠绵病榻，无法让她过上正常的生活。

在丈夫病中，方维仪亲自"扶起居，倍汤药，挥蚊蝇，据痰唾，左右周旋"，她头不安枕，目不交睫，从不食人间烟火的书香少女转变为一个忙忙碌碌的小妇人，每天所要面对的事物，从琴棋书画诗酒花，转变成了柴米油盐酱醋茶。

但满腔的柔情并未换来奇迹，丈夫仍然不幸早逝，此时她已经怀孕。后来她生下一个女儿。这是丈夫的遗腹女，方维仪视若性命，百般疼爱。

但大约是先天不足，女儿9个月的时候便夭折了，她悲痛得心都要碎了。丧夫之后又遭丧女之痛，方维仪几乎无法承受住如此沉重的打击。她曾经写有一篇《未亡人微生述》："余年十七归夫子，夫子善病已六年……明年五月，夫子疾发……至九月大渐，伤痛呼天……遗腹存身，未敢殉死；不意生女，抚九月而又殂。天乎！天乎！一脉不留，形单何倚？"她磋叹说："万物有托，余独无依，哀郁交集，涕泗沾帷；自今已往，槁容日益朽，气力日益微。"

因为身世悲凉，她也写了很多伤感的诗，她写下这些作品以抒心怀，但这些饱含痛苦的作品大多随成随弃，留存的只是一小部分而已。如《病起》：

空斋无事晚风前，雨过苔阶草色鲜。
远岫云开舒翠髻，新荷池畔叠青钱。
衰年转觉多愁日，薄命何须更问天。
闲坐小窗初病起，西林皓月几回圆。

方维仪丧夫丧女时还不足20岁，她的青春之花刚刚绽放，却已经凋零，生命已然蒙上了一层灰色，她只能流泪回到了娘家，守志"清芬阁"，孤身伴影，从此潜心研究诗画。

好在，她所擅长的诗书画艺终于治愈了她的悲伤，诗文里即使有悲哀，也不那么沉郁了，而是通透了许多，如《北窗》：

绿萝结石壁，垂暎清芬堂。
孤心在遥夜，当窗皎月光。
悲风何处来，吹我薄衣裳。

她已经渐渐从伤痛中走出，终于开始了新的生活。

方维仪的堂妹方维则是16岁孀居，与她同病相怜，两人过往甚密，切磋诗画艺法。方维仪的姐姐方孟式，也工于诗书画，后来嫁给山东布政张秉文为妻。方维仪的弟媳吴令仪及其姐吴令则，与维仪大姐方孟式皆好诗画，五位才女常聚清芬阁，吟诗作画，推敲唱和。方家的“名媛诗社”，一时传为美谈，而其中以方维仪成就最高。

清兵南侵时，山河破碎，生灵涂炭。方孟式的丈夫张秉文守济南城，不幸战死，方孟式也跟着投池而死。方孟式有《纫兰阁集》和《纫兰阁诗集》传世。方维仪堂妹方维则，也年轻守寡，著有《抚松阁集》。因方氏三姐妹都为国为家守节，后人称为“方氏三节”。

身处乱世，方维仪感受强烈。她深切地关注着国运民生，将自己的悲悯之心与故国之思都投射在了自己的作品之中。如她所作的《出塞》，描写了边塞的生活，讽刺了明末的黑暗政治：

辞家万里戍，关路隔风烟。
赋重无余饷，边荒不种田。
小兵知有死，贪吏尚求钱。
倚赖君王福，何时唱凯旋。

又如她的这一首《旅夜闻寇》，有铮铮铁骨之感：

蟋蟀吟秋户，凉风起暮山。
衰年逢世乱，故国几时还。
盗贼侵南甸，军书下北关。
生民涂炭尽，积血染刀镮。

她还写了一首《从军行》，期待自己也能醉卧沙场，救国救民：

玉门关外风雪寒，万里辞家马上看。

哪得沙场还醉卧，前军已报破楼兰。

沈德潜评道："如读杜老伤时之作，闺阁中乃有此人！"

由于方维仪品行端正、学识渊博、才艺超群，但并不以此骄傲自显，因而深受当时人们的敬重。方孟式曾经赞她"玉节冰壶，加慧益敏，而不炫其才"。同辈兄弟姊妹及侄辈们都对她甚为钦佩，以师礼相待。她的弟媳吴令仪就曾受学于清芬阁。吴令仪 30 岁逝世，方维仪痛惜这位早逝的才女，为她手订《秋佩居遗稿》，使之传世。

吴令仪逝世后，教养侄儿方以智的重任落在方维仪身上，《桐城方氏诗辑》中载，方维仪"教其侄以智，俨如人师"。方以智自己则这样描述："智十二丧母，为姑所托。《礼记》《离骚》，皆姑授也。"在她的教导下，方以智后成为一代文化宗师。

方维仪除了自己笔耕不辍，著有《清芬阁集》8 卷，还希望尽可能地收集和保存古今女子诗作。她曾精心研读文史，辑录古今女子诗作，编著有《宫闱诗史》一部，分正、邪二集，是最早的闺秀纂辑之闺秀诗话。此外，方维仪还著有《静志居诗话》，其中对诗歌理论的阐述也颇精辟。方以智为其《清芬阁集》题跋时感叹："嗟夫！女子能著书若吾姑母者，岂非大丈夫哉！"

据《明史・艺文志》及清人王士禄《然脂集》著录，方维仪除了著有《清芬阁集》8 卷、《宫闺诗史》1 卷、《静志居诗话》1 卷外，还有《楚江吟》1 卷、《尼说七惑》1 卷、《宫闺诗评》、《宫闺文史》、《归来叹》、《闺范》等集行世，包括诗歌、散文、札记、论文等多种文体。可惜的是，她的作品现在大多已散佚。

方维仪博学才高，不仅学贯经史，工于诗文，而且善书画。70余岁高龄时，她仍坚持提笔写字作画。她的书法深得卫夫人笔风，绘画则师法宋代李公麟，推崇唐代吴道子，最擅长白描，特别是白描《观音大士图》形神兼备，时人争相收藏。清代著名文学家王士祯称之为“妙品”。吴询《题清芬阁白描大士图》赞云：“墨花寒卷秋潮空，毫端轻染春云笑。”

梁孟昭

雪光骋艳斗梅花，逊色输香各自夸

明末女诗人梁孟昭，钱塘（今杭州）人，字夷素。梁孟昭生性娴静，端雅持重，聪颖好学，能诗善文，自成一家，有“女中元白”（元指元稹，白指白居易）之称。其诗文有《墨秀轩集》等。

她是一位全能型的才女，除了文字作品，绘画和书法也驰名一时，尤工花鸟、小楷。明代文学家陈继儒称她的画是“天女花云孙锦，非人间所易得”。清代徐沁所撰《明画录》记录说：“梁孟昭，工词翰，雅善山水，深远秀逸，风格不群。前代画品中，如李公择妹、文与可女、管夫人道升，辉映笔墨，始知林下风调，为最胜耳。”

梁孟昭自己出身书香门第，也嫁了个出身书香门第的丈夫茅鼐。茅鼐的家族是官宦世家，他的曾祖父茅坤，归安人，是明代嘉靖时期（1522—1566）的进士，也是明代有名的散文家、藏书家。钱谦益对茅坤多赞赏之词：“（茅坤）为文章滔滔莽莽，谓文章之逸气，司马子长之后千余年而得欧阳子，又五百年而得茅子。疾世之为伪秦汉者，批点唐宋八大家之文以正之。”他的祖父茅瓒是位状元郎，父亲茅见沧是个修撰官。

正因为茅鼐如此家世，所以梁孟昭婚后，渊博开明的夫家并未束缚她的文化追求。她也得以在夫家丰富的藏书馆中博览群书，视野更加开阔，这给她的创作注入了新的活力。夫妻二人又恩爱有加，经常一同出游，游金陵，历姑苏，出京口，顺江而上，饱览名山大川的旖旎风光。如此，梁孟昭眼界和胸襟都大为开阔，非寻常闺秀可比。

梁孟昭的诗歌自成一家，虽然清雅婉丽，但意境深远，格调高雅，并不显得纤弱，无脂粉之气。王端淑评论说：“其长短诗歌，皆清新幽异，大小墨妙，远过前人。”《墨秀轩集》中有一首书卷气极浓郁的七绝，极耐品读：

清新幽异墨乡轩，风致不群凝砚边。
婉丽情辞书字画，临终鼓曲化春烟。

清代一代文宗阮元《两浙輶轩录》中录有梁孟昭《题画》诗一首，可见其风格：

登楼忽见山头白，冰箸如镂挂瑶碧。
晓窗风急唤垂帘，鹤唳一声天地窄。
雪光骋艳斗梅花，逊色输香各自夸。
终日费人评品事，肠枯频唤煮浓茶。

梁孟昭出嫁之后，很少归家，因此在作品中常存乡思之情。她存世的 6 套散曲作品中，就有 3 首和中秋思乡思亲有关，其中一首道：

钱塘在哪厢，何方是故乡？空叫泪眼成凝望。
罗衣怯晚凉，西风送雨狂，砧声韵得人痴想。

梁孟昭还是位有着自觉女性意识、独到诗学观点的女性诗评家，她曾在写给弟弟的信中，表示过对闺阁诗的见解："我辈闺阁诗，较风人墨客为难。诗人肆意山水，阅历既多，指斥事情，诵言无忌，故其发之声歌，多奇杰浩博之气；至闺阁则不然，足不逾阃阈，见不出乡邦，纵有所得，亦须有体，辞章放达，则伤大雅。朱淑贞未免以此蒙讥，况下此者乎？即讽咏性情，亦不得恣意直言，必以绵缓蕴藉出之，然此又易流于弱。诗家以李、杜为极，李之轻脱奔放，杜之奇郁悲壮，是岂闺阁所宜耶？"

梁孟昭认为，闺秀作家作诗，比一般男性作家要难得太多。男性作家可以肆意游历山水，阅历丰富，因此笔下题材便多，视野和胸襟也开阔，文字中自然可以见到大气象。而闺秀作家足不出户，所见的人也有限，又受到各种限制，要做出好作品来，谈何容易！她自己本身是闺秀作家，从女性的角度，谈及闺阁诗的做法，感受深刻，论述更是有力。论者认为梁孟昭"持论绝佳"。

与她在诗文、书画、诗学批评上的成就相比，梁孟昭更出色的成就还是在于戏曲，她是一位杰出的戏曲家，她所作的《相思砚》传奇，以牛郎织女为引，以"相""思"两砚来做爱情的证物，描写了一部悲欢离合最终大团圆的故事，浪漫主义色彩浓郁。清代女作家王端淑赞许此剧"深而正，意切而韵"，推崇她"才敏英慧，女中元白；每拈一剧，必有卓识"。

《相思砚》传奇已无传本，只有剧情尚载于《曲海总目提要》中。她的其他戏曲作品，现在也都不可考见。《曲海》中说："《相思砚》，钱塘梁孟昭撰。中有于（谦）坟祈梦事，又官衔有戎政尚书，乃明世宗时始置，而引小青、胥长公等在内,则更是近人手笔也。”

在《相思砚》中,织女幻化之身托生卫家,名唤兰森。牛郎幻化之身托生浙西尤家,名唤瑞生。卫兰森家曾生出五色灵芝,上腾紫气,卫家将灵芝挖出来得到一枚宝石,上有蝌蚪铭文:“唯此宝砚,彼相此思。欲偕凤卜,得相始施。”旁边又有兰森的名字。这是思砚,为卫兰森所得。后来男主角尤端生在雁荡山得到了相砚,砚上也有铭文说:“天降灵宝,曰思曰相。于飞之兆,得思始昌。”持砚返回后,尤端生殿试高中状元,再历经一番波折之后,终与卫兰森成婚。他们这一对青年男女本是盈盈一水间、脉脉不得语的牛郎织女,下凡之后再以相思砚为爱情信物,终于有情人终成眷属,“相”“思”两砚始合。

梁孟昭其实是主张自由恋爱且爱情至上的,在这部《相思砚》中,她用“相思砚”来象征爱情与缘分。在这一点上,《相思砚》传奇自有其特殊的意义与价值。

梁孟昭晚年在金陵寓居数年,忽感寒疾。临终之时,她从容而起,坐起焚香,鼓琴一曲后安然而逝。

梁孟昭还有传奇《山水吟》《山水忆》等传世。她与茅鼒生有一个女儿名叫茅玉媛,字小素,自幼受母教,工诗词,善画山水,人赞其“不亚于母”。茅玉媛亦为钱塘著名诗人和画家。

王凤娴

玉人褰素幕，和月折梨花

王凤娴，生活在明神宗万历前后(1573－1620)，字瑞卿，号文如子，松江府华亭县(今属上海市)人。

当她还是个不到10岁的垂髫少女时，独自在堂前玩耍，祖父随口出了个上联命她作对："秀眉新月小。"谁知道小小年纪的王凤娴应声而答："鬓发片云浓。"声音清脆，如雏莺出谷。祖父先是一惊，继而大喜，认为孙女天赋过人，从此对她更加疼爱看重。而王凤娴也在家中的书香熏陶与家人的精心培育中，学得满腹文章。

王凤娴的哥哥王献吉也是天性"颖悟，过目成诵"，博学多才，是个小才子。后来他参加顺天(今北京)乡试，当即考中解元。后来，王献吉出任"胶州，有善政"，之后升兵部郎中。

王凤娴早年诗词都比较清丽可人，明艳如风中小荷，有翩然袅娜之姿。这是因为她出身书香门第，父母宠爱，既可以饱览群书，感受读书之乐，又可以外出踏青，享受自然之美，比如这首《浣溪沙》：

曲径新篁野草香，随风闪闪蝶衣忙。柳絮飞堕点衣裳。

人在镜中怜瘦影，燕翻波面舞春长。小桥古渡半斜阳。

竹林茂密，曲径通幽，而春风携来野草香气。随风而来的，还有上下蹀躞的蝴蝶，蝶翅被夕阳斜斜照耀着，折射出闪闪光芒，而柳絮也被风吹得漫天飞舞，落在了衣裳上，像是给衣裳添了新花色。少女对着镜子，怜惜起自己纤瘦的身影，看着窗外，是一派明艳的春日风光啊，燕子飞过水面，古老渡头，夕阳斜照着小桥流水。

虽然"怜瘦影"颇有些"为赋新词强说愁"的意味，但是整首词看来，极是轻快流畅，宛若一气呵成，有抑制不住的欢喜自字里行间缓缓溢出，仿佛能感觉得到词中少女正沉浸在那一派明媚春光之中。

后来，王凤娴嫁给了松江进士、宜春（今属江西省）令张本嘉。这在当时是一桩众人称羡的婚姻。据《乡评录》记载，张本嘉字孟端，号内庵，松江府华亭县人。万历甲午、乙未两科连捷，被任为江西袁州宜春的地方官。宜春是山区，山清水秀，但并不富裕，百姓也甚为穷苦。后来张本嘉来到此处为官之后，勤政爱民，为人处世果决明断，从不拖泥带水，很得当地百姓的爱戴和拥护。

但张本嘉也有为之苦恼的事情。宜春在楚粤要冲之地，经常有朝廷及上官的文书和钦差邮递车马路过，作为地方官的他必须接待。张本嘉本人不喜应酬，却被迫周旋，自然不快，但他胸襟坦荡，应酬之暇，常常啸歌山林，并不让自己一味陷在苦闷情绪之中，而是自抒怀抱，自我宽解。他曾经对人说："苟能耐烦，随事摆脱，则必无留滞，冲烦两字转为闲静。纵驱车负帑，何碍拄杖看山之致？"

由此可知，张本嘉不仅才华出众，为官勤勉，还是一个胸襟旷达之人。王凤娴嫁给如此温厚男儿，当是琴瑟和鸣。果然婚后两人情投意合，生了两个女儿、一个儿子，生活更加美满幸福。

这首《赋得白里白》，应该就是王凤娴此时的作品：

鹤步瑶阶净，萤飞星汉斜。
玉人褰素幕，和月折梨花。

这首诗写得仙气袅袅，一派恬静、温软和满足。她这时的爱情，犹如弄玉吹箫，萧史乘龙，几乎是不食人间烟火的理想化。“和月折梨花”直接引用宋代陈亮的《虞美人》：“黄昏庭院柳啼鸦，记得那人，和月折梨花。”陈亮的“和月折梨花”是记忆中的清雅明亮，王凤娴的“和月折梨花”却是眼前的宁馨愉悦。

这样的日子如果能一直到老，那么便是王凤娴最大的幸福了。可惜的是，幸福当她人到中年的时候便戛然而止了。

万历皇帝辛丑年间，张本嘉赴京入朝觐见，回来之后不到两月就病逝了，年仅 42 岁。这对于一直沉浸在安逸生活中的王凤娴来说，不啻晴天霹雳。她以泪洗面，怀念亡夫，写了一系列悼念亡夫的诗词，其中被收录在《明词综》中的《临江仙》较为著名：

珠帘不卷银蟾透，夜凉独自凭阑。瑶琴欲整指生寒。鹤归松露冷，人静井梧残。

天际一声新度雁，翱翔似觅回滩。浮生几见几多欢。三秋今已半，枫叶醉林丹。

这首词哀戚缠绵，诉尽思念。垂帘垂下，她也无心卷帘看月了，只见月光在帘外透出隐隐清光来。夜里凉意袭来，她仍然痴痴地靠着阑干站着。想弹下琴，手指又发冷。仙鹤已经飞走了，只有松树独自立在冰冷夜色中。万籁俱寂，井边梧桐树的叶子已经凋零大半了。天边遥遥传来一声雁鸣，那大雁四处翱翔，像是在寻觅可以栖息的回滩。浮生如梦啊，面对残景，心事几多，悲欢离合。如今秋天已经过了一半，枫叶都被染红了。“谁染霜林醉？总是离人泪。”

丈夫逝世后，王凤娴尽管满心伤痛，却不得不坚强起来。她含辛茹苦，独立抚养教育子女。长子张汝开，举于乡，为怀庆丞；长女张引元，字文姝；次女张引庆，字媚姝，皆亦能诗词。张引元、引庆两姊妹，诗才不俗。引元尤其出色，她性格温婉，天资聪颖，相传 6 岁便能诵唐诗，母亲王凤娴便悉心教读以《左传》《国语》《离骚》等。出嫁后引元时常与母亲唱和，交流感情，可以说是母亲的骄傲与慰藉。

王凤娴曾作《馆娃宫次韵命二女同作》：

香径有基惟鸟迹，屧廊无主剩苔厓。
花钱旋舞留金靥，蜗宇纵横见玉钗。
颓榭草深归燕绕，故宫月冷野狐埋。
西风禾黍斜阳道，过此行人合怆怀。

引元和诗为：

繁华事散惟荒土，麋鹿踪消只藓厓。
皓月尚疑悬玉镜，露桃犹似妒金钗。
蛾眉一瞬歌尘散，鱼腹千年侠骨埋。
今日姑苏重回首，岭云江水不胜怀。

引元诗词大气开阔，又有低徊纤柔处，有乃母风范。

后来两个女儿先后出嫁，王凤娴念女心切，常常写词寄给女儿，如《念奴娇·寄女文姝》：

花娇柳媚，问东君，正是芳菲时节。帐暖流苏，鸡报晓、睡起峭寒犹怯。乌鸟情牵，青鸾信杳。追忆当年别，临岐泪滴，衷肠哽咽难说。

凄凉望断行云，柴门倚遍，空对闲风月。屈指归期，无限恨、添得愁怀叠叠。镜影非前，人情异昔，怎禁心摧折。欲凭谁诉，数茎新见华发。

引元也常将思母之意化为诗词寄出，以慰慈母之怀，如这首《浪淘沙·忆母》：

新月冷雕檐，离思绵绵。椒花未举已潸然。可惜清光如昼也，两地愁看。

拨尽玉炉烟，兰麝慵添。瑶草三复转情牵。目断征帆何处是，锦字谁传。

她也怀念跟妹妹一起在母亲膝下承欢，共享天伦之乐的快乐，写有《寄妹》：

金风初度井梧枝，正是怀人病起迟。
两地离愁悬一镜，九秋新恨上双眉。
久虚咏雪联芳句，每忆挑灯共课时。
塞雁已归书未达，江城寒月照相思。

但不幸的是，王凤娴的两个女儿都先她而亡故，英年早逝。二女都有诗词传世，后合为《双燕遗音》1卷。

王凤娴痛彻心扉。她中年丧夫，晚年丧女，接连遭受了人生最大的不幸。想当年，她和丈夫、女儿其乐融融，诗词唱和，谁知道转眼间丈夫和女儿都离她而去，身边只留下一个儿子。

她把痛苦全部诉诸笔端，写了一系列《哭女》诗篇，极尽心酸，跟女儿相关的一切物件都引起了她的无限感怀。《玉镜阳秋》评曰："《哭女》诸绝，最真挚可诵。"清代范濂评价这些诗"高华绝响"。但对于慈母之心来说，这些诗作的成就已经不是她所关心的了。《哭女》诗篇中最著名的有4首：

悲感二女遗物四首·空闺

壁网蛛丝镜网尘，花钿委地不知春。

伤心怕见呢喃燕，犹在雕梁觅主人。

悲感二女遗物四首·闲针

少年工制独称奇，绝似灵芸夜绣时。

笑语楼前争乞巧，伤心无复见穿丝。

悲感二女遗物四首·剩粉

晓妆曾整傅铅华，玉匣新开斗雪花。

今日可怜俱委落，余香犹自锁窗纱。

悲感二女遗物四首·燕子楼

燕子楼头燕子回，何年鹤去见归来。

相思怨结东风泪，洒向残花已剩灰。

王凤娴写完这些诗作之后，心中伤痛稍微平复了。她又一次坚强地挺过去了，继续自己的生活。

此时，她已经步入了人生的晚景，回首这一辈子，她认为最珍贵的还是自己的作品，于是把自己的诗文细细整理了出来，并打算出版。虽然明清女性著作的出版盛况超前，但仍有人对此不以为然，并道："从来妇言不出阃（闺门），即使闺中有此韵事，亦仅可于琴瑟在御时，作赏鉴之资，胡可刊版流传，夸耀于世乎？"

王凤娴听闻传言，大受打击。受此影响，她又想把诗作焚毁，幸好这一想法遭到哥哥王献吉的强烈反对。王献吉大力赞成妹妹出版自己的著作，并亲自作序，以表示自己支持的态度。于是王凤娴打消了焚毁的念头，诗集以《焚余草》为名出版。

王献吉在为《焚余草》作序时道："（孺人）俯仰三四十年间，荣华凋落，奄忽变迁，触物兴情，惊离吊往，无不于诗焉发之。孺人亦雅不以屑意，成辄弃去，所存无几何。一日谓不肖曰：妇道无文，我且付之祖龙。余曰：是不然，《诗》三百篇，大都出于妇人女子…… 删《诗》者采而辑之，列之《国风》，以为化始。"王献吉认为女子作品一经出版，便可保存她们所发出的心声，并成为后世史家有案可稽的材料。

王凤娴 70 多岁去世，得享高年。她著有《贯珠集》《焚余草》。《明诗综》和《明词综》均收有她的作品。

徐媛

浓睡足，笑看小妇双鬟绿

徐媛，字小淑，长洲（今江苏省苏州市）人，万历中在世，少工书，善古文，亦工诗翰。

徐家是江南的名门望族。徐媛的父亲徐时泰，是江南屈指可数的大富翁，曾担任太仆寺少卿，为正四品官衔。后来他罢官回到故乡之后，便出资修建了东园、西园两座大园林，聘请苏州最著名的园林设计师主持修造。后来被誉为苏州四大名园之一的留园，仅是他家的东园。

徐媛的母亲姓张，也是个饱读诗书的才女，她著有一本诗集，叫《绣余集》，徐媛后来的诗词集，取名《续绣余集》，意思便是其母亲《绣余集》的延续。

在母亲的悉心教导下，徐媛在书墨熏陶中长大。但是徐媛身体孱弱，母亲又极为怜爱女儿，不愿让她在诗词中耗费心血，因此徐媛在出嫁之前，并没有写过诗词，仅仅是识文断字，喜爱读书而已。

徐媛长到 15 岁，由父母做主，嫁给了才子范允临为妻。范允临当时也是个才 17 岁的翩翩少年。二人品貌相当，珠联璧合。这段婚姻，对徐媛来说有着非凡的意义，终于让一代才女横空出世，发出了属于自己的瑰彩光芒。

范允临，字长倩，号长白，乃北宋著名文学家范仲淹后裔，万历时代的进士。范允临生于嘉靖三十七年(1558)，第二年其父范惟丕即中进士，因此全家人都认为范允临的降生，给全家带来了好运。

范允临读书非常勤奋，积累了深厚的学养与扎实的功底。他不仅长于诗文，还擅长书画，当时与董其昌齐名，传世作品也很多。他喜画山水，曾经自跋画云："余胸中有画，腕中有鬼。少时曾留心绘事，以领青衫不可得，退而屈首受书，遂弃之。今老矣，追忆往年笔墨，隐隐在目间，偶一拈弄，霓不类青山面孔。然随意涂抹，亦自有致，绝无画家溪径。观者聊以当无弦之琴。"并著有《轮廖馆集》。

范允临多才多艺，让徐媛心生羡慕，并暗自下决心要努力学习，向丈夫靠拢，但此时她的主要精力还是放在操持家务方面，以支持丈夫考取功名。只是稍有闲暇，便手不释卷。范允临在进士及第以前，家境较为清苦。范允临感念妻子体贴，更加勤奋读书，以期光耀门楣。

万历二十三年(1595)，两个人结婚 20 年之后，范允临终于中了进士。范允临中进士后，游宦在外，徐媛便有了大量的时间学诗作诗。不过在一开始，徐媛并不自信，写诗不过是自娱自乐，羞于示人。有一次，范允临回来，发现徐媛所作之诗已经放满了一个箩筐，拿出来细细翻看了一番，便对她说："其中已不乏可观之处，但是有佳句却少佳篇，何不博览群书，穷追诗源呢？如此才会更进一步！"得到了丈夫的鼓励，徐媛"从此泛滥诗书，上采汉魏六朝，下及唐之初盛，已而直溯根源，遂逮楚之骚赋"。

徐媛读书很是用心。她读骚赋之时，颇受感动，曾说："诗在是乎？"

然而，她读不了几行，就感觉头昏脑涨，拿着书躺在床上，读一会儿，睡一会儿，想一会儿，有时有所感悟，有时又茫茫然不知所以，总之是“于书不能记忆，亦不求甚解，而多所悟入，如禅宗不以渐以顿也”。因此，徐媛作诗讲究顿悟，多有妙句。

在学诗过程中，徐媛不喜欢杜甫，而最喜欢李贺，曾对范允临说：“子美（杜甫）号称大家，乃中多俚俗语，初学效之，不免如学究一路；长吉（李贺）虽鬼才，然怪怪奇奇，语多自创，深求之，上不失汉魏六朝，而浅摹之，下亦不落中晚，岂至庸鄙！”可见，她已经具备了自己独立的文学偏好与文学见解，拥有了自己的文学追求，并不会人云亦云。

范允临在外做官期间，徐媛写下了不少赠别寄怀之作，如《怀远寄长倩也》《送长倩三首》《送长倩游西夷》《送长倩夫子比征五首》等，其中眷眷之意，自不消细说。她后来随丈夫范允临长期游宦在外，大自然的美景以及羁旅生涯，激发了她的创作热情，她这时写下了大量的诗词、散曲。如诗歌《过龙潭驿口号》《贵阳道中》《滇中晓望》，散曲《南越调·棉搭絮》，套曲《南南吕·一江风》等。她还仿照民歌清新之风，写下一首《竹枝词》：

红袖垂风紫陌东，门前斜插碧芙蓉。
妾从江上投鱼信，郎在潇湘暮雨中。

徐媛还曾作为随军夫人跟随丈夫出征。万历三十一年（1603），范允临升任云南按察佥事，她一同赴任。其间，云南发生叛乱，当时会城（今江门市）巡抚陈用宾委任范允临守卫会城，由于当时主要兵力都在外地，所以范允临可以说是临危受命。谁知范允临才能出众，虽是一介书生，但精通兵法，在实战中不但守住了城池，而且平定了叛乱。

在跟随范允临平乱的军旅生涯中，徐媛的眼界大开，创作了不少反映边塞战争、感念民生疾苦的诗篇，突破了传统闺秀诗歌的狭小视野，增添了许多巾帼不让须眉的豪迈之气。如她所创作的《塞下曲》：

日日惊沙素草斑，秋空霜雁洞庭还。

几多瀚海滩头骨，泪尽红闺镜里颜。

范允临盛年出仕，本想着有一番作为，没想到在云南平叛的功劳却遭到了许多同僚的猜忌。万历三十六年(1608)，范允临被改任福建参议。可是猜忌他的人，仍然上奏章弹劾他。范允临意懒心灰，在至福建的半路中，就决定辞职归乡。

后来，范允临偕徐媛一起在长洲天平山下筑室隐居，他们避开世俗的一切烦恼，极尽唱随之乐，并把唱和之作编集为《络纬吟》。《络纬吟》首有董斯张、钱谦益序，徐冽题词，范允临作《络纬吟小引》。

钱谦益序中赞曰："夫人诗烨若朝采，皎若夜光，芬芳则楚畹幽兰，骀荡则灵和弱柳，落花依草，点缀有情，春蚕吐丝，绵连不断，薄雕缋而银汉疏星，绝粉饰而远山秋水。"

范允临对妻子的才华深感自豪，积极传播妻子的作品，使得徐媛的诗词得以广泛流传，徐媛也才名远扬。董斯张云："(徐媛)每拈一题，夫子辄疾书之流出人间，高下传写，处无不各有一通也者。"

范允临和徐媛这时最大的烦恼，大概就是儿子不喜读书了。明明二人饱读诗书，才华横溢，儿子却是个胸无点墨的草包，这烦恼确实不小。据明代文人沈德符《万历野获编》记载，范允临的书房里有一副奇怪的对联，曰："门前白水流将去，屋里青山跳出来"。这是明代《笑林广记》里现成的对子，讽刺的是财主少爷不好好读书。范允临书房里挂着这副对联，自然是恨铁不成钢了。

后来，徐媛还写过一篇著名的《训子书》："儿年几弱冠，懦怯无为，于世情好不谙练，深为尔忧之。男子昂藏六尺于二仪间，不奋发雄飞而挺两翼，日淹岁月，逸居无教，与鸟兽何异？将来奈何为人？慎勿令亲着怜而恶者快！兢兢业业，无怠夙夜，临事须外明于理而内决于心……"儿子快20岁了，还不喜读书，不通世故，徐媛忧心忡忡，教导儿子说，不好好读书，虚度岁月，与鸟兽有什么区别，将来如何做人呢？

只是二人的谆谆教诲似乎没有什么用，儿子依然不爱读书，历史上没有其子诗文的任何记载。

《络纬吟》中，收入的大多是徐媛的诗歌，她的词只有4首。大约是她在词上并不擅长的缘故，写得很少。但这4首词却别出心裁，有她独有的美感风格，情致幽雅，具有一种"清刚之美"。如这首《霜天晓角》：

帆轻一扇，晓色碧涟秋岸。林破寒烟，星河淡落，青山如染。露浥芙蓉茜。翠涩枯棠瓣。傍疏柳、西风几点。关铎沉，鸡塞远。

行行尚缓。家在绿云天半。念归舟游子，一片乡心撩乱。菊黄金绽满，首插茱萸遍。对旅雁沙汀，盼杀白苹秋苑。

而她著名的《渔家傲·步韵咏吴延陵郊居小斋》更是一派悠然的田园风光，尽显其隐士情怀：

板扉小隐清溪曲，夜月罗浮花履屋。木笼戛戛摇生谷。庄田熟，桔槔悬向茅檐宿。

青山一片芙蓉簇，林皋遗韵飘横竹。远浦轻帆低几幅。浓睡足，笑看小妇双鬟绿。

陆卿子

人生且莫恋悲欢，朱颜却被悲欢烁

陆卿子是与徐媛同时代的才女，长洲（今江苏省苏州市）人，吴郡诗人及画家陆师道的女儿。陆卿子自幼研习诗词，声名早负，钱谦益在《列朝诗集小传》里对其大加褒赞："卿又工于词章，翰墨流布一时，名声籍甚。"

陆卿子和徐媛的才名相当，际遇也相似。她嫁给了太仓赵宧光。赵宧光出身更高过徐媛的丈夫范允临，乃是皇室之后，为宋太宗赵炅第八子元俨后代。靖康之变后宋室南渡，在太仓留下一脉繁衍生息，渐渐成了名门望族。赵宧光父亲赵枵生为人厚重简默，博学著书，但屡征不仕。赵宧光则有"高士"之称，读书稽古，精六书，工诗文，擅书法，尤精篆书。

和徐媛一样，陆卿子后来也和丈夫在山中过着隐居的生活。赵枵生辞世后，遗言非"谢家青山"不葬。赵宧光恪遵父愿，倾其家财买下两百亩荒山，葬了父亲，并携妻儿进山庐墓守孝。山上有一泉眼名为"寒泉”，一脉流入“谢家青山”，荒山无名，依泉名之，于是，赵宧光将此山命名为“寒山”。寒山上藤蔓密布，荆棘丛生，乱石浊流。

此时，陆卿子尚是绮年玉貌，从此就要跟丈夫隐于深山，远离尘世，告别红尘万丈，花花世界。但她对此并无怨言，仍然对他事事体贴，贤淑温柔。她生性恬淡，不尚繁饰，因此对于隐逸的生活倒也颇得其乐。两人在这寒山之中开荒种地，疏泉架壑，又绣佛长斋，吟咏无间，过起了与世无争、书香为伴的生活。

赵宧光对妻子又是爱慕，又是感激。他日出而作，自辟岩壑，叠石造园；凿山疏泉，构建小塘；又斩榛植松，养木培林；置砖雕木，筑室起屋，亲手制造属于自己的天地。他终于建造成了一处典雅秀丽的文人居所——寒山别业，并建“小宛堂”，藏书于其中，另建有藏书处曰“蝴蝶寝”“悉昙章阁”等。因珍本较多，还曾引得多名藏书家慕名前来借观抄录。

赵宧光将建造寒山别业的整个过程悉数记载于《寒山志》中，写得意趣盎然：“玉兔石，若梼药然”“翔凤石，直欲飞舞”“马头石，若玉山颓青冥”“营筑三四年，而荆蓁瓦砾之场皆成名胜”。他还对寒山的石壁泉流、亭台阁宇纷纷取了恬淡的名字，如“千尺雪”“云中庐”“弹冠室”“绿云楼”“飞鱼峡”等，后刻于崖壁间。赵宧光还作了一些小诗，描写寒山景致，如《浮凉石》：“水中一片石，石下一泓水。踞石弄文漪，清凉彻肤髓。”又如《松径》：“习习和风转，徘徊度几峰。空山原有籁，清韵属高松。”

陆卿子也在寒山中也写下了不少诗歌，如这首《短歌行》：

君不见春风枝上华灼灼，春风日日吹华落。

人生且莫恋悲欢，朱颜却被悲欢烁。

悲欢未尽年命尽，罢却悲欢两寂寞。
惟余夜月流清晖，华间叶底空扉扉。

寒山于她，便是如同世外桃源的所在，她还曾徐徐吟唱着：

有地皆埋玉，无山不种松。
雨深朝拾菌，日暖昼分峰。
麋鹿缘岩下，狐狸采药逢。
桃花已开遍，樵夫欲迷踪。

诗中充满山野情趣。

陆卿子与徐媛惺惺相惜，两人常相唱和，“吴中士大夫望风附影，交口而誉之”，于是陆卿子和徐媛在当时被并称“吴门二大家”。但当时人们普遍认为陆卿子才情更在徐媛之上。《明诗综》引姚园客曰：“小淑诗文与陆卿子齐名，然徐以绮丽胜，才情稍逊于陆。”《玉镜阳秋》曰：“徐陆齐名，徐非陆匹。陆诗拟汉魏六朝三唐，苦肤省耳。”

除了徐媛，陆卿子还在山中接待了很多慕名来访的才女，她们酬唱清谈，“客子坐谈玄”。因此，虽然身处山中，性喜淡泊，但陆卿子的精神世界是不寂寞的。

陆卿子工于词章翰墨，为世人称颂，声名很高。赵宧光好著述，有《说文长笺》《六书长笺》《寒山蔓草》《寒山帚谈》《寒山志》等，并在篆书中掺入草书笔意，开“草篆”先河。但他自认为学识才智不及卿子，对于妻子的才华是由衷地欣赏，并亲自为妻子文集作序。陆卿子年轻时即著有《云卧阁集》，晚年著有《考槃集》。赵宧光曾序《考槃》云：“拟古步骤西京，取材六代，绝句小律差足可观。”

陆卿子很有文学创作的自觉性，曾为女诗人项兰贞的《咏雪斋遗稿》作序时说道："我辈酒浆烹饪是务，固其职也。病且戒无所事，则效往古女流，遗风剩响而为诗；诗固非大丈夫职业，实我辈分内物也。"大约《红楼梦》中探春的"孰谓雄才莲社，独许须眉？"当从此中来。

陆卿子的诗词也有充满侠气之作，并不只有温婉缠绵之态，如《塞下曲》三首：

寒雁高飞芦荻秋，翔云不动动边悉。
黄沙千里行人断，日暮消魂哭陇头。

羌笛声悲怨未还，月明一夜鬓毛斑。
闺中莫漫空相忆，匹马朝来又度关。

青天如水月如霜，万里无云杀气凉。
夜半征人齐堕泪，胡笳声断雁声长。

陆卿子和赵宧光生有一子赵灵均。他们举家搬来寒山时，赵灵均年幼。赵灵均长大后继承父业，精于篆刻，是一代金石学家。赵灵均后来娶了著名文人文徵明玄孙女文俶为妻。

文俶，字端容，在绘画上具有卓绝天分。出嫁之前，她已经用四五年的时间临摹过内府收藏的李时珍《本草纲目》中的花草。嫁到赵家之后，她跟随丈夫一起来到了寒山隐居。深山流泉，飞瀑惊鸟，花草树木，无不滋养了她的灵性，她笔下更见风致。

《璜泾志稿》记载："（文俶）性明慧，伉俪偕隐，怡情林壑。书画得家法。善画花卉草虫，所见幽花异卉、小虫怪蝶，信笔点染，皆能抚写性情，鲜妍生动，曾图得千种，名曰《寒山草木昆虫状》。又摹内府本草千种，千日而就。《无声诗史》谓其'深得迎风浥露之态，溪花汀草，不可名状者，皆能缀其生趣'。亦写苍松巨石，老劲有神。兼绘仕女人物，亦精妙绝伦，为一代闺秀之冠。"

文俶以画绩出名，赢得了多方赞誉的同时，有许多女性前来向她拜师学艺，她也成了当时著名的闺塾师。汪珂玉《珊瑚网》记载："远近购者填塞，贵姬季女争来师事，相传笔法。"

陆卿子一家虽隐于山林，声名却"皆有闻于时"。一时间，寒山赵家名震江南，"父子篆学，姑诗妇画"，时人称为"吴门三秀"。明人龚立本曾回忆初访寒山时的情景："见其疏凿泉石，鱼鸟翳然。素馔清尊，名流云集。君气韵苍雅，似图画中人。善作古篆，运笔如飞。"

赵灵均、文俶之女赵昭，得祖母诗法、父亲书法及母亲画法的真传，是一位全才女子，著有《侣云居遗稿》。

黄媛介

淡墨遥传缥缈意，孤峰只在有无间

黄媛介，字皆令，出生于江甫水乡嘉兴一户书香人家。黄媛介天赋极高，读书写字，吟诗作画，都显得极有灵性，十三四岁时才名便盛传一方，备受父亲黄云生器重。她尤其长于书画，楷书仿黄庭坚，画似吴仲圭而简远过之。

在黄媛介 10 岁时，父亲便与同窗的杨姓好友订下了儿女亲事。黄、杨两家相距不远，大人经常来往，所以少女黄媛介与同岁的未婚夫杨世功也早已相识，青梅竹马，一起长大。

嘉兴的青山丽水陶冶了黄媛介的性情与气质。少女时代，她的生活过得平淡而幸福。她这时的诗词，轻快活泼，仿佛细麦圆荷，清丽可爱，如《鸳鸯湖》：

轻风贴水飞春燕，佳人宛自帘中见。
向水栏干处处园，梅花草叶春香变。

昨夜云晴日影孤，中洲曲沼生新芦。
嘉兴风景知何处，乱帆烟柳鸳鸯湖。
阴雨悲风吹若秋，树满湖上谁家楼。
小山小水争分得，荡柳飘丝绿不收。
春风放桨樱桃下，菱蔓荷华赏秋夏。
秀色全分水一湖，那堪孤月生波夜。

就在黄媛介接近待嫁年龄时，战火在大江南北蔓延开来。由于朝廷昏聩，各地纷纷举起义旗，兴兵造反，人心不稳。人们无心送子读书，以开馆授课为生的黄家，日子日渐紧迫。黄媛介的未婚夫婿家更是几乎入不敷出。

为了生计，黄媛介的哥哥黄鼎平放弃了学业，开始从商，以补贴家用，黄家的生活这才勉强支撑下来。也是为了生计，黄媛介的姐姐黄媛贞嫁给了贵阳太守朱茂时作偏房。

黄媛贞亦是才女，诗有“冰雪净聪明”之质，著有《云卧斋诗集》《黄皆德诗草》。后来黄媛贞遁入空门，出家为尼，仍然诗书不废于手。黄媛介和姐姐仍然亲厚，时有诗歌唱和。

渐渐地，黄媛介已到了婚嫁之龄，黄家开始催促杨家娶亲，杨家实在无力办婚礼，杨世功羞愧难当，索性离开家乡。

在这期间，太仓才子张溥慕名前来黄家求亲，张溥人品才学都极为出众，黄父动了心，黄媛介却执意不肯。黄父疼爱女儿，便依从了她，拒绝了张溥。

杨世功在外地听到了黄媛介拒婚的消息，心中愧疚，于是收拾行装返回了家乡。黄家得知杨世功已回家，便上门商议嫁娶之事。一番波折之后，黄媛介与杨世功终于喜结良缘。

杨世功读书不成，又无力养家，全家人没有生活的来源。忧愁之际，黄媛介想到了自己的专长，即写字作画，她决定以此为生。黄媛介便与杨世功商量，杨世功无以为计，勉强同意了。可嘉兴此时地贫人穷，黄媛介只好与丈夫背起行囊，来到西子湖畔谋生。她毅然走上街头摆开字画摊，引来不少游人驻足购买，渐渐声名远扬，更有高官贵族出高薪聘请她当闺塾师。

黄媛介终于能走出闺阁，以柔弱之肩，一力扛起养家重任，先以买卖字画为生，后以闺塾师为业。她内心深处是骄傲的，也为自己的才情学识而自豪，曾作诗曰：

或时卖歌诗，或时卖山水。
犹自高其风，如昔鬻草履。

但她的抛头露面也引来种种非议。她的兄长虽因其才华而感到骄傲，却又因其悖于闺阁而持有疑义，几乎与她断绝亲情来往，对此她深感无奈。

文人们对黄媛介的才华赞赏不已。她以诗、文、书、画名于一时，被称为"四绝"。著名散文家张岱曾在《赠黄皆令女校书》诗中道："未闻书画与诗文，一个名媛工四绝。"不少名士纷纷为其集作跋，为其人作传。钱谦益有《黄皆令新诗序略》《士女黄皆令集序》，毛奇龄有《黄皆令越游草题词》，熊文举有《黄皆令越游草序》，施闰章也为黄媛介作《黄氏皆令小传》。她和当时的文士都有诗词往来，曾经和吴梅村诗四首，其中一首写道：

罢吟纨扇礼金仙，欲洗尘根返自然。

风扫桃花余白石，波呈荷叶露金钱。
山中自护烧丹井，世上谁耕种玉田？
磊磊明珠天外落，独吟遥对月平川。

对于自己的选择，黄媛介并未后悔，在西湖的青山秀水畔，她铺展笔墨风采，凭自己的能力养活自己和家人，问心无愧。她曾为著名诗人王士禛画了一小幅画，并在画上赋诗一首云：

懒登高阁望青山，愧我年来学闭关。
淡墨遥传缥缈意，孤峰只在有无间。

有一段时间，黄媛介客居在青楼出身的女诗人柳如是的绛云楼中，两人对彼此的文学才华都极为欣赏，成为了一对挚友。她还跟当时的很多女诗人都有诗文往来，如与山阴梅市商景兰、祁修嫣等就有唱和集《梅市唱和集》。

黄媛介出身儒士之家，博通古今，谙悉历史，但是她无法像男子一样实现自己的胸襟抱负，只能寄情于画纸笔墨间，咏史怀古，讽喻当今，多有清刚之意。在与诗友偕游寓山时她作曾作一诗：

佳园饶逸趣，远客一登台。
薜老苍烟静，风高落木哀。
看山空翠滴，觅路乱云开。
欲和金闺句，惭非兔苑才。

清代王士禄《然脂集》中录有黄媛介 7 篇赋，包括《伤心赋・哀昭齐》《写怀赋》《闲思赋》《秋怀赋》《竹赋》《兰花赋》和《琴赋》。不过只有前3篇赋是完整的，后4篇赋在录入《然脂集》时已经有过删节。王士祯在《池北偶谈》中称其"颇有魏晋风致"。施淑仪《清代闺阁诗人征略》以"林下风者"来推崇黄媛介。

王端淑在《名媛诗纬初编》中称赞她："皆令倚马自命，落纸如烟，三吴八越，啧啧称赏。宜矣抑青莲敏绝，诗千首，何侣少陵，语不惊人死不休也。摘其佳篇，多苍然秀劲，越儿所赏者，乃鳞爪也。虎头三绝，皆令自许久矣。或曰画胜于字，字胜于诗，未知孰胜，敢以质之识者。"

1666年，声名远扬的黄媛介应京城石吏部之邀前去做闺塾师。船到了天津却传来噩耗，她的儿子杨德麟不幸溺水身亡。第二年，她的女儿杨本善又夭亡了。黄媛介再也无心逗留京城，匆匆赶回。途经南京时，她因伤心过度，一病不起，为佟国器夫人钱氏所收留，在佟家养病。但是痛失一双儿女的黄媛介太过悲痛，再也没有好起来，1668年，她病逝于佟家。

黄媛介一生，创作颇丰，著有《南华馆古文诗集》《越游草》《湖上草》《如石阁漫草》《离隐词》，可惜皆已散佚。

王端淑

偶占好句书扇头，梅花一瓣随春落

王端淑，字玉映，号映然子，又号青芜子。山阴（今浙江绍兴）人。王端淑出身名门，是明代著名学者、文学家王思任的次女，生活在顺治年间（1644—1661）前后。

王端淑从小聪敏好学，且秀美端庄，王猷定在《王端淑传》中曾描述“端淑生而容姿婉丽，性聪慧周”。她博览群书，学问渊博，经史子集，无不浏览；对于史学，尤其精通；又立志博采众长，诗文诸体，靡不涉笔；与人论文，终日不倦。她幼时跟兄弟一起念书，先生对她的博学与才华称赞不已，并说假如王端淑是男孩，将来“必以文章第一蜚声翰苑间”。除了工诗，王端淑还善书画，特别擅长画花草，疏落苍秀。

王端淑还有个姐姐，名叫王静淑。姐妹诗画齐名，可谓“双秀”。王静淑字玉隐，号隐禅子，著有《清凉集》和《青藤书屋集》。她的词幽闲挺秀，有“孤云出岫，野鹤横空”之态。

父亲王思任对王端淑极为钟爱，曾向人夸赞说：“身有八男，不及一女!”还是闺中少女之时,王端淑就喜欢女扮男装,常常剪纸为旗,以母为帅,列婢女为兵将,以排兵布阵为乐。父亲见到了,便笑道:“怎么不去当个女状元呢?”

王思任是明代万历年间(1572—1620)进士,“诗重自然,才情烂漫”,著有《文饭小品》等。他诙谐善谑,时有讽刺时政之作,却遭人嫉恨,宦途屡挫。于是,心灰意冷之下,王思任回归故里,筑园取名“避园”,盖楼取名“读书佳山水楼”,以诗文书画自娱。

明亡后,王思任追随鲁王继续抗清,为礼部右侍郎,进尚书。后来绍兴被清军占领后,他不肯独活,绝食而亡,并留下了慷慨激昂之语:“吾越乃报仇雪耻之国,非藏垢纳污之区也”。

受父亲影响,王端淑的诗文,充满了浓烈的家国情怀、兴亡之叹,并不同于闺阁女子的柔弱笔墨,评者说她“诗诸体并有胜处”,又说其“得风人之旨”,有“闺阁雄风”。如她所作的古诗《咏蔺相如》:“七寸小臣刃,五步大王头。”《述言》:“举头天地广,居身无一廛。”《题画》:“叹息干戈二十年,烟霞板荡无林泉。”律诗《听雁》:“戎马今方炽,诗书老未闲。”《漫兴》:“五堰几回东越马,三城唯见夕阳樵。”《绝句》:“恨无劲弩平潮去,兀坐西陵破酒楼。”《宫闱氏籍艺文考略》引《神释堂脞语》说:“诸如此例,当其兴酣落笔,真忘其身落敛箔间矣。”

她还为明末殉难的志士和明朝忠臣写了多篇传记,流传于世,使他们的铁血丹心不至于湮灭于历史的烟尘之中。并且,作为一位遗民诗人,王端淑泣血作下个人诗集《吟红集》,“红”及“朱”也,显然是追思故国之作。因敬佩她的学识与才华,“同秋社盟弟”的47位浙江文人主动资助王端淑《吟红集》的出版。

王端淑长大后,与钱塘诗人丁圣肇结为夫妇。丁圣肇担任过明末衢州司李,明亡后,夫妇俩幽居在山阴老家中,继而寓居杭州吴山。没有生活来源，夫妻二人生活得十分艰苦。丁圣肇才华平庸，纵酒猖狂，傲世不阿，无以为计。于是，王端淑决定以一己之力，承担起养家重任。丁圣肇思想开明，欣赏妻子的才华，并积极支持妻子的举动，把她带入了自己的文人圈子。在《吟红集》序言中，他还赞道："得吾内子而于是获良友。"

走出闺阁的王端淑，成为了当时著名的闺塾师，并卖文售画。她交际广泛，和著名文学家张岱、著名戏剧家李渔等文化名人都是好友。她的才华得到了他们的肯定与赞赏。

清顺治帝闻知王端淑的才名，曾经准备"援曹大家（班昭）故事"，把她也召入宫中，教授诸位嫔妃、公主。王端淑对此并无兴趣，婉言谢绝，清廷这才取消了原先的打算。

王端淑崇拜明代著名文学家、书画家徐渭，还和丁圣肇一起在徐渭的青藤书屋里隐居过。在此期间，王端淑得到了徐渭许多书画作品，并细心揣摩和临摹，深受影响。因此，王端淑的画也有徐渭潇洒苍秀之风。在当时，王端淑的花鸟画颇受欢迎。清代女诗人顾太清曾有一首《题王端淑碧翠禽》七绝云："风前玉蕊蒙蒙写，天际浮云淡淡遮。小鸟枝头相睡稳，月明初上碧桃花。"

王端淑的才情名重一时，而她自己也颇"以才情学问自负"。她曾作过一首《失扇诗》：

山水主人甚渊博，文心长被东风缚。
才高傲骨薄利名，愿逐芳兰在幽壑。
偶占好句书扇头，梅花一瓣随春落。
君不见，僧繇画龙雷雨升，子美诗成神鬼愕。
延津剑去变作蛟，令威仙乎来化鹤。

始知神物岂可留,离情非是经秋却。

她丢失了一把扇子,却说是自己的诗文题在扇子上,使得扇子沾了灵气,成了神物,因而化仙而去,可见其自信了。

当时有位文学家毛奇龄编选了一部女子诗集,但其中没有选入王端淑的诗,她便作诗戏云:"王嫱未必无颜色,怎奈毛君笔下何?"将自己比作王昭君,将毛奇龄比作汉宫画师毛延寿,委婉地表达出自己的不满。袁枚对这首诗也很称赞,说她"一藏其名,一切其姓",用典巧妙。毛奇龄倒也不介意,后来还因为此事专门作诗赞赏王端淑,称她"风流遗世姿独殊"。两人以笔墨结缘,成为文学知己。

王端淑自己也积极选辑历朝历代身份不同的女诗人作品。她用了整整26年,编纂成《名媛诗纬》42卷,收录800多位女诗人的2000多首诗,并于康熙初年刊印,当时著名学者丁启光为其作序,周之道为其作跋。王端淑称:"日月江河,经天纬地,则天地之诗也。静者为经,动者为纬,南北为经,东西为纬,则屋野之诗也,不纬则不经。昔人拟经而经亡,则宁退处于纬之,足以存经也。"她试图在这部作品中构建女性诗纬与男性诗经相对应,建立一个独属于女性的诗学空间与审美典范,具有开创性的意义。

《名媛诗纬》一书,不仅所选内容广博丰富,对入选女诗人及其作品一一进行点评,更借《名媛诗纬》揭示了她对诗学的主张与看法。王端淑对自己的文学才能具有强烈自信,她也相信自己品评诗文的眼光,因此编选出这样的女性诗文集,希望杰出文学女性的笔墨能传播后世。她另著有《名媛文纬》,已经散佚,但《名媛诗纬》流传了下来。

1644年春,因多年未有所出,于是王端淑卖掉首饰,为丈夫买了妾室陈素霞。陈素霞生了一个女儿,王端淑非常珍爱,视若己出。王端淑的山阴女友高幽真曾写有《素霞传》。陈素霞也是个有才华的女子，“博览史籍，妙解声韵”，书法、女红无不精晓。丁圣肇“纵酒猖狂，家事日落，唯吟咏谩骂”“不衫不履，日在醉乡……哭笑失时”。但陈素霞待他始终“敬顺庄谨”。

陈素霞嫁到丁家8年后病故，王端淑痛惜不已，代丈夫给她写了悼亡诗。陈素霞的诗丰姿秀爽，浓淡得宜，被王端淑选收入《名媛诗纬》。王端淑称赞其诗“如轻烟袅林，素月出峡，娟秀幽动，亦吾家隽才”，她不忍埋没，遂录其佳句，“使海内才人，知吾夫子有此韵人”。

王端淑得享高寿，活了80多岁。她一生著述宏富。据清王士禄《然脂集》著录，所著有《吟红集》30卷，又有《玉映堂集》《史愚》和《留箧恒心无才宜楼诸集》，所辑有《历代帝王后妃考》。她本人的诗文集今天都已不可得见，文章、诗稿几乎尽失。现存作品有诗74首及3篇小赋，即《秋虫赋》《荷赋》《菊赋》。

商景兰

妆罢拂罗裳，一阵梨花雨

万历四十八年(1620)，16岁的商景兰嫁入了山阴祁家。商景兰是会稽(今浙江省绍兴市)人，字媚生，是明代兵部尚书商周祚的长女。她的新婚丈夫名叫祁彪佳，是著名藏书家祁承㸁之子。

祁家澹生堂藏书名满江左，黄宗羲记其“以朱红小榻数十张，顿放古籍，每书皆有牙签，风过锵然”。祁家又筑旷园，园林极盛，既可藏书，亦可娱乐。

祁彪佳，字虎子，一字幼文，又字宏吉，号世培，别号远山堂主人，是明代政治家、戏曲理论家、藏书家，有戏曲批评著作《远山堂曲品剧品》存世。他生而英特，丰姿绝人，在仕途上少年早达，20岁就中了进士，而且善于为官，很有威信。据记载，他在为官期间，“惩猾吏，禁豪右，绝苞苴，剖决精明，皆大畏服”。他又精通文墨，善画山水，深得倪、黄精髓。花卉竹石，随意点染，亦有梅花道人(元代画家吴镇)风趣。除此之外，他还相当注重生活情趣和生活品位。

自然，这对少年夫妻在各方面都十分契合，他们一共享受了整整 25 年琴瑟和鸣、情投意合的幸福婚姻生活。因此，商景兰诗中欢愉之情甚多。如若有愁思，那也是富贵闲愁。如《生查子・春日晚妆》：

无意整云钿，镜里双鸾去。百舌最无知，惯作深闺语。
梁燕恰双飞，春色归何处。妆罢拂罗裳，一阵梨花雨。

又如《点绛唇・春日游写图》：

春色溶溶，两堤杨柳舒金线。韶光如电。顷刻飞花片。
金谷依然，景在人难见。闲游遍。深深庭院，半是蟏蛸罥。

然而美满的小家庭在战火中岌岌可危。清军南下，明朝的半壁江山也难以保全。崇祯已自缢于北京，清兵对中原虎视眈眈，弘光小朝廷偏安江南一隅却仍内斗不休。祁彪佳忠心前朝，商景兰屡次劝他请辞，甚而为此“日祝于佛前”，她更倾向于夫妻俩归守家园，继续从前的美好生活。

后来，小朝廷不敌清兵，清人破了南京。兵败之日，祁彪佳心灰意冷，开始绝食。清人贝勒得闻祁彪佳大名，又以聘书聘祁彪佳出仕，而祁彪佳宁死不肯做清廷官员。种种情势相逼之下，1645 年闰六月五日，祁彪佳等家人都睡下之后，便悄悄自沉于寓山住所梅花阁前的水池中。有遗书留几上，其绝命词有云：“图功为其难，洁身为其易。吾为其易者，聊存洁身志。含笑入九原，浩然留天地。”祁彪佳死时年仅 44 岁。

商景兰美满的婚姻生活也就因此变故而突然中止。丈夫死后，她含泪写下了著名的悼亡诗：

公自成千古,吾犹恋一生。
君臣原大节,儿女亦人情。
折槛生前事,遗碑死后名。
存亡虽异路,贞白本相成。

她在诗中赞颂祁彪佳的坚贞不屈,并认为他的殉国是流芳百世的壮举,但丈夫的死给她带来了无尽的思念与痛苦。她曾写下《过河诸登幻影楼哭夫子》一诗,几乎字字血泪:

久厌尘嚣避世荣,一丘恬淡寄余生。
当时同调人何处,今夕伤怀泪独倾。
几负竹窗清月影,更惭花坞晓莺声。
岂知共结烟霞志,总付千秋别鹤情。

丈夫死去,明朝灭亡,商景兰也因此深刻体会到了国破家亡所带来的深重的悲痛,并将这些感情诉诸笔端。她的文字中,开始有了“千里河山一望中,无端烟霭幕长空”“独倚栏杆何所怨,乾坤望处总悠悠”“晓来无意整红妆,独倚危楼望故乡”这样沉郁顿挫的诗句。

虽然悲痛于丈夫的早逝,但商景兰并未消沉,而是越发坚强起来,独自挑起教子重任,培养了家族里的后辈。

据《静志居诗话》卷 23 载:“(祁)公怀沙日,夫人年仅四十有二。教其二子理孙、班孙,三女德渊、德琼、德宦,及子妇张德蕙、朱德蓉。葡萄之树,芍药之花,题咏几遍。经梅市者,望若十二瑶台焉。”在她的带动下,形成了一个盛极一时的女性家庭创作群体。每当闲暇之时,她便要媳妇、女儿和孙女们带着笔床砚匣跟着自己出游,角韵分题,家庭之内竞相唱和。黄云泰、毛奇龄所撰的《越郡诗选》称："闺秀则梅市一门，甲于海内。"

正是商景兰对于文学自觉的追求与引导，使得她和她的后辈们的文学才华得以提升，其声名也在文人之间远播开来，不仅为当时的男性诗人所激赏，而且嘉兴黄媛介等闺秀也纷纷慕名造访，吟诗唱和，引为闺中知己。她们一家的诗歌活动，可以说开创了有清一代闺阁中聚会联吟的风气。

在商景兰 30 多年的寡居生活中，并不是一帆风顺的，仍然屡次遭受沉重打击。康熙六年(1667)，她的三女儿德琼亡故。同年，她的次子班孙因涉浙中通海案远放宁古塔，长子理孙不久即因此事郁郁而亡。虽然班孙 3 年后逃归，却削发为僧，断绝了与家中的联系，最终于康熙十二年(1673)去世。康熙十五年(1676)，晚年的商景兰回顾自己一生的经历时，不由发出"未亡人不幸至此"(《琴楼遗稿序》)的感叹。

虽然在生活中遭受了种种不幸，但商景兰的文学创作活动并没有停止，著有《锦囊集》(旧名《香奁集》)，收诗 67 首、词 94 首、补遗诗 3 首、遗文 1 篇。陈维崧《妇人集》评曰："会稽商夫人，以名德重一时……故玉树金闺，无不能咏，当世题目贤媛以夫人为冠。"

商景兰过世后，在她的倡导之下所形成的一门女性习文写诗的盛况也就随之消散了。

沈宜修

流光几度新，晓梦还如旧

沈宜修，字宛君，是明代流传作品最多的女作家，也是吴江著名文学家族沈、叶两族女性作家群的核心人物。

据沈宜修弟弟沈自征所撰《鹂吹集序》云，沈宜修生性聪颖，四五岁就过目成诵，并且性喜读书，手不释卷。她 8 岁时母亲便去世了，父亲忙于公务，无暇照顾，只得把她寄养在姑姑家。她虽然年幼，但极温柔懂事，小小年纪便帮着姑姑操持家务，教导弟妹，就算弟弟调皮捣蛋、爬树掏鸟摘枣让她看到了，她也并不生气，而是温言相劝。

小小的年纪便能独立操持家务和照顾自己，而且落落大方，深具名门闺秀气质，这让她的堂叔父沈璨非常欣赏。沈璨与叶绍袁的父亲叶重第同籍，交情深厚，曾经对叶重第说："家季玉（宪副沈公字）有女，母亡而条条媞媞如也，长必贤，是有贵征，曷以字若子？"叶重第很是欢喜。就这样，沈璨亲自做媒，将沈宜修聘给了叶家。

沈宜修 16 岁时，便与叶绍袁成婚了，来到叶氏午梦堂。

沈宜修与叶绍袁缔结婚姻虽然是父母之命、媒妁之言，但二人年龄相仿，才貌相当，情投意合，“琼枝玉树，交相映带”。而二人闲暇对作，此唱彼和，生活得也很是融洽甜蜜。

沈宜修兼有江南女子的灵秀和书香门第的才气，秉性又是温柔贤淑。叶绍袁深爱妻子，对她极为欣赏，称赞她“秀外慧中”“雅人深致”，又盛赞妻子：“余内人解诗并教诸女，文采斐睿，皆有可览观焉。”他认为：“丈夫有三不朽：立德立功立言。而妇人亦有三焉：德也，才与色也，几昭昭乎鼎千古矣。”在他心中，妻子沈宜修自然是德、才、色兼备的难得女子。

自嫁入叶家后，沈宜修虽然忙碌，却手不释卷，作下大量诗词，“米盐浆酒之暇，不废吟咏”。她自幼持家，到了叶家，也把叶家打理得井井有条。午梦堂庭院有些荒芜，沈宜修便动了种植花草之心。她从娘家带了些种子，又从邻居家借了些花苗，亲力亲为，把花苗和种子种下。她生性爱整洁，屋里便纤尘不染。清晨她也令侍女把这些花木用水清洗一下。很快，院子里便花木葱茏，散发着馥郁幽香。

在这些花木之中，沈宜修最为喜爱的便是梅花，梅花有冰雪之姿，更兼冰清傲骨。她曾写下《梅花百咏》绝句 100 首，以抒发生活感慨，首首清丽隽永，独有韵味，有“清润冰玉之姿，潇洒林下之气”的称誉。如以下两首：

吹落天风玉袖轻，夜深龙管作边声。
芙蓉苑北愁多少，凄断金闺万里情。

白羽纷纷寒彻骨，朝来已上汉宫妆。
冰心不似梅花意，独向青山别恨长。

在这100首梅花诗里，沈宜修用典颇多，显示出她深厚的文化底蕴。显然，她不仅有“文”，而且有“学”。如第57首“鸟啼无限惜芳菲，解佩春江笑洛妃”，典出曹植《洛神赋》；第98首“一从和靖吟残后，终古风人泪绮缃”，引林逋“梅妻鹤子”典故；第72首“明皇不识江妃恨，空赐珍珠慰寂寥”，用梅妃江采蘋的典故；“独立高楼听乌啼，驿桥寒树夕刚底”，典出陆游《驿路梅花》。

沈宜修作《梅花绝句百首》，其初衷不过是为了“雕云写貌，刻月追情”，自抒怀抱而已。但叶绍袁读过梅花诗之后，不禁为妻子的才华所倾倒，极为赞赏，认为“素月风天，寒灯雪夜，或幽思之偶凭。亦闲愁之忽寄，感而为诗，积而成百，非矜繁什，聊以言志”。

当时以文名著于江南的叶绍袁在科举考试中却“累屈秋闱，偃蹇诸生间，家殊瓠落”。沈宜修对考场失意的丈夫总是加以鼓励，“从牛衣中互相勉励”，让丈夫对自己的才学充满信心，“未尝做妾面羞郎之词也”。

在这种情况下，沈宜修一方面“上事下育，勉力拮据”，一方面变卖自己的陪嫁首饰补贴家用，以至“箧无余饰剩襦”。她又侍奉婆婆冯老夫人，十分孝顺，她的弟弟沈自征说：“矜严事之，每下气吞声柔声，犹恐逆姑心。迨夫儿女林立，姑少有不怿，姊长跪请罪，如此终身。”在丈夫又一次赴试时，沈宜修赋诗《甲子仲韶秋试金陵》送之，其中有“而今莫再辜秋色，休使还教妾面羞”句，风趣而又委婉地表达了自己的希望。

天启五年（1625），在经历了多次落第之后，叶绍袁终于考上了进士，多年的奋斗总算有了一个圆满的结局。虽然叶绍袁中年才中举，但毕竟是圆了自己、妻子以及母亲冯老夫人的一个心愿，举家欢庆。

沈宜修与叶绍袁生下的子女均有文采。“一时闺门之内，父兄妻子，母女姊妹，莫不握铅椠而怡风月，弃针管而事吟哦”，以至“门内人人集，闺中个个诗”。长女叶纨纨、次女叶小纨、三女叶小鸾、幼女叶小蘩均工诗词，并有诗集传世，幼子叶燮是清代著名诗人和诗论家。这些自然与沈宜修的悉心教导分不开。

结婚生子之后，沈宜修常把子女们称为“闺中友”，而在日常的生活中，她也是以平等的态度和儿女们交流，温柔可亲，细心体贴。她亲自教孩子诵读《毛诗》《楚辞》《长恨歌》《琵琶行》，“诸子大者与论文，小者读杜少陵诗，琅琅可听。两女时以韵语作问遗”，而儿女们都极为聪慧，“教辄成诵，标令韶采”。

弟弟沈自征说：“（姊）生平钟情儿女，皆自为训诂，岂第和胆停机，亦且授经课艺。当夫明月登台，则箫史共赋；飞霰集户，则谢女呈篇。”叶绍袁前期多游宦在外，沈宜修不但操持叶家生活，孝养老人抚养孩子，还独自承担儿女的课业。而沈宜修也是一个极有生活情趣的人。明月登台之时，她与叶绍袁一同赏月作赋，两人是如箫史弄玉般的神仙眷属；白雪纷飞之时，她和谢安一样考较儿女功课，孩子们亦如谢道韫一般锦口绣心。

沈宜修也常把教导孩子读书的过程写成诗词。《漫兴》一诗中有“竹影渐看移日影，窗前稚子读《离骚》”之句，是沈宜修教子的真实写照。在另外一首《浣溪沙·咏雪》中则有“唤女欲将呵手黩，呼儿捻取作茶烹”的句子，可见其家庭生活的情趣和活泼气氛。

几个女儿稍稍长大一点，在教读诗书之余，沈宜修也教她们学习一点绣花之类的手工活，并作下《夏初教女学绣有感》：

忆昔十三余，倚床初学绣。
不解春恼人，惟谱花含蔻。
十五弄琼箫，柳絮吹粘袖。
挈伴试秋千，芳草花阴逗。

十六画娥眉，娥眉春欲瘦。
春风二十年，脉脉空长昼。
流光几度新，晓梦还如旧。
落尽蔷薇花，正是愁时候。

在这首诗中，沈宜修回忆起小时候学习绣花的情景，那时自己才13岁，不解春意恼人，只是一心一意学绣。到了15岁，便在春风中吹箫，柳絮飘飞，沾满衣袖。和女伴们荡秋千，在芳草花荫中嬉戏。到了16岁，便要准备出嫁了，细细地画着娥眉，这时少女初识愁滋味，也感觉到大好春光正在渐渐逝去。如今弹指20年，少年往事，仿佛历历在目，而如今女儿们都渐长大，也要学绣了，时光飞逝，韶华不再。

作为大家闺秀，沈宜修与女儿们也无法经常出门去看看广大天地，活动的范围只限于闺阁之内，写作的内容多是从身边的草木鱼虫中取材。但是她们的灵心巧慧、诗情画意让她们的生活充满了乐趣。花开花落，云卷云舒，月满西楼，日出沧海，都带给她们由衷的欢喜，然后流动成她们笔下一首首灵气四溢的诗词。

在叶氏姐妹中，叶小鸾尤其明慧，可惜年少夭折，病逝时不足17岁。长女叶纨纨心痛妹妹，竟哀痛致死。沈宜修心碎不已，作了不少悼念女儿的诗词之后，也撒手人寰，年仅46岁。

1636年，叶绍袁将爱妻和子女的作品编成《午梦堂集》，传于后世。明代闺阁诗社的诗词真正流传下来的，就只有《午梦堂集》。叶绍袁为妻女的才华而感到骄傲，也怀念那些逝去的美好时光，于是将母女唱和之诗文作品精心整理编纂，加上自己和其他子女的作品合刻成一部集子，使之流传后世。《列朝诗集》中记："宛君与三女相与题花赋草，镂月裁云。中庭之咏，不逊谢家；娇女之篇，有逾左氏。于是诸姑伯姊，后先娣姒，靡不屏刀尺而事篇章，弃组纴而工子墨。松陵之上，汾湖之滨，闺房之秀代兴，彤管之诒交作矣。”时人有诗赞曰：“宦海艰危愿隐沦，菰烟芦雪寄闲身。一门风雅才清绝，著作流芳旷代珍。”

虽然只活了短短46年，但沈宜修留下了极其丰富的文学作品，有诗、词、偈、拟连珠、骚、赋、序、传等，共计833首，悉数编入《鹂吹》之中。她是明代作品最多的女作家。沈宜修另有《绣垂馆稿》一卷，今已失传。

同时，沈宜修还是一位眼光独到的编辑家，在创作之余，沈宜修广泛搜罗同时代才名卓著的女诗人的诗文，合成一集传世，这就是《伊人思》。书名取自《诗经》中“所谓伊人，在水一方”之意，“相彼鸟矣，求诸友声”，自然有惺惺相惜之意。书中共辑入44位女诗人的诗、词、赋、序数百篇（首）及沈宜修记录的唐、宋间女诗人的轶事十多则。这也是第一部女性选本朝诗文集，它特别重视对母女、姐妹诗人的收录，如方孟式、方维仪，黄媛贞、黄媛介等，反映出晚明女性文学的家族化倾向。

除了文学创作，沈宜修又遍读经史，“于古今事理，载籍疑义，无不悉洞玄解”。她还善弹琴，能吹箫。其书法亦端丽可爱，人谓之，“有卫夫人遗风”。

叶纨纨

清含瑶蕊飘香雨，浅放琼丝拂素烟

叶纨纨，字昭齐，1610 年生，是明末文学家叶绍袁与沈宜修的长女。叶纨纨出生时，已是父母结婚 5 年之后。婚后久不生育，早寡的祖母早已望穿秋水，父母也忧心如焚。纨纨的到来，让他们惊喜万分。

初生的纨纨眉目清秀，肤如凝脂，“如奇葶之吐华”。父母视为掌上明珠：“初生之女，爱逾于男。”祖母冯老夫人给她取名“纨纨”，纨是绢中上品，吴江又以丝织品闻名天下。“纨纨”二字，又含有洁净雅致之意。叶绍袁给长女取字“昭齐”，意思是昭明才德，见贤思齐。

纨纨天资过人，相貌端丽，博闻强记，小小年纪便表现出过人的才气。她 3 岁时便能背诵白居易的《长恨歌》，见者无不惊叹，以为有奇慧。

纨纨幼时，沈宜修还专门请人来教授纨纨琴棋书画，还请来了家族里擅长弹琴的族姑来教授纨纨弹琴。纨纨后来果然弹得一手好琴。但纨纨最擅长的还是书法，书体遒劲，有晋人风致，尤精小楷。

纨纨13岁已能作诗填词。《玉镜阳秋》称她的"七绝及诗余诸调,殊有清丽之词。"14岁学诗时纨纨写下一派少女的天然娇憨的《闺情》:

薄罗初试柳初黄,寂寂深闺春画长。
陌头风暖清明近,睡起无言绮绣床。

在午梦堂时,纨纨写作了大量的诗词,这些作品,大多为纨纨自己弃去,留存的不过十分之一,今存诗词100多首,其中诗95首,词47首。

午梦堂中,沈宜修种植了大量花木,菊花、海棠、茉莉诸花都成为了叶氏姐妹的吟咏对象。纨纨自然也不例外。纨纨最为喜爱的是梨花。纨纨的书房,同时也是她的闺房,名叫"芳雪轩"。这个名字是父亲叶绍袁所命,出自南朝诗人王融《梨花》诗"芳春照流雪,深夕映繁星"句,居室外也种有数珠梨树。纨纨曾写过一首《梨花诗》:

燕语莺啼寒食天,红妆不学露桃仙。
清含瑶蕊飘香雨,浅放琼丝拂素烟。
晓月葳蕤侵冷艳,夕阳缥缈弄轻妍。
芳魂若能应怜我,寂对东风共怆然。

作为家中的长女,叶纨纨自小乖巧懂事,帮助父母照顾幼小的弟弟妹妹,还能帮母亲教读弟弟妹妹诗文。长弟世佺,少时贪玩,纨纨则耐心地开导他,让他懂得要勤奋读书。看着母亲操劳,纨纨常主动替母亲分担一点力所能及的事务。

纨纨对下人也十分友善。她有个侍女名叫秀瑶,11岁时被继母虐待抛弃。沈宜修偶然在街上遇到她之后,心生怜惜,便把她带回家,给纨纨做伴,从此秀瑶便成为了纨纨的贴身侍女。纨纨和秀瑶十分要好,感情很深,如同亲姐妹一般。秀瑶感念叶家恩情,不肯离开叶家,在叶纨纨出嫁后也一直待在叶家,没有嫁人。

秀瑶20岁的时候,突然害急病去世。此时纨纨已经嫁到袁家了,听到噩耗,纨纨内心伤痛,托人捎了一首诗给母亲,以表达对秀瑶的怀念:

数载依依共昏晓,熏衣笼畔最温存。
可怜风雨催零落,惆怅屏前空断魂。

可见纨纨是个极重情义的人。她和秀瑶的感情已超过了所谓的主仆关系。

如此仁善才女,却遇人不淑,婚姻不幸。在叶纨纨不满周岁时,就由父母做主许配给了袁氏的第三个儿子袁崧。

袁家与叶家是几代世交,祖辈袁黄与叶重弟是同榜进士,叶绍袁从小就寄育在袁家,叶绍袁又与袁若思从小同学,后一同考取进士。叶绍袁只想到两家素有渊源,知根知底,将纨纨许配给袁若思的儿子,可使亲上加亲,让两家的情谊得到巩固和发展。叶绍袁本是一片苦心,希望能给女儿找个好婆家,但是他并未去考察未来女婿的才学以及人品,就这样草率地把女儿嫁了出去。纨纨的不幸,就在她定亲的那一刻,便注定了。

纨纨17岁时,袁若思致书叶绍袁,因将任广东,便希望早日让儿子成婚。十月,纨纨嫁到袁家。

嫁到夫家以后,纨纨才发现,夫妻双方在性格、才学等方面有较大差异，缺少共同生活的基础，因而，纨纨与丈夫虽有夫妻的名分，而无夫妻之实。叶纨纨曾自云："至于琴瑟七年，实未尝伉俪也。"因此，纨纨这时的诗文词作，大多因抒发忧郁愁怀，字字句句都是愁上心头。

她对新婚丈夫极为失望，执笔写下了《暮春赴岭西道中》，以抒发自己的苦闷和思乡之情：

故园别后正春秋，陌上莺花带泪看。
何处乡情最凄切？孤舟日暮泊严滩。

她叹息这样愁闷的日子年复一年，日复一日，蹉跎了自己如花的青春，但是又能如何？她又写下了一首《蝶恋花》：

尽日重帘垂不卷。庭院萧条，已是秋光半。一片闲愁难自遣，空怜镜里容华换！

寂寞香残屏半掩。脉脉无端，往事思量遍。正是销魂肠欲断，数声新雁南楼晚。

春天里春花烂漫，若是闺中少女时代，自然又是和姐妹们一起观花写诗，如今良辰美景不再，只得以泪洗面。泪眼看花，连花都是忧愁的。她写下了一篇《春日看花有感》：

春去几人愁，春来共娱悦。
来去总无关，予怀空忧结。
愁心难问花，阶前自凄咽。
烂漫任东君，东君情太热。

独有看花人,冷念共冰雪。

后来,父亲读到此诗,禁不住老泪纵横,含悲评道:“即此一诗,一字一泪,大概已见。无限愁思,不必更说矣。”

在纨纨的咏春之作中,处处见到的,只是忧愁悲伤,“恨”“愁”“闷”等字眼写了满纸。她再也没有了本属于青春的天真快活,还不到20岁,她的青春就已经结束了。比如说这首《春恨》:

不见春光明户外,但闻时节又花朝。
连宵风雨重门掩,魂断江南不可招。

纨纨还有两首关于春恨的词,为《浣溪沙·春恨》:

几日轻寒懒上楼,重帘低控小银钩。东风深锁一窗幽。
昼永半消春寂寂,梦残独语思悠悠。近来长自只知愁。

风雨闲庭锁寂寥,又看春色一分消。翠屏斜倚思无聊。
梦觉情踪无处问,闷来心绪最难描。殢人残病恨今朝。

父亲后来在这两首词后批曰:“‘昼永半消’‘梦残独语’与‘梦觉情踪’‘闷来心绪’,一种伤神。”

因为对婚姻生活以及丈夫的极度失望,纨纨也无心梳妆了。“青昼沉沉掩碧沙,困慵梳洗髻松鸦”。纨纨受母亲沈宜修影响,本是极爱美,也极懂得欣赏美的一个少女,但她已经没有了生活的热情,当一个女子对美已经失去了追求以及敏感时,她也已经心如死灰了。生活愈发沉闷无聊。而纨纨无可解闷，只好终日睡眠，“不怨满庭风雨恶，只教终日梦魂消”。只有在梦中才可离开这让她忧愁烦恼的人世间。然而，梦终究是要醒来的，醒来之后，只有愁上加愁。

纨纨在料理家务后闲下来的时间，礼佛读经，读罢已是“残日下窗笼”，希望“白云不复去，相与共留连”，一起打发闲愁的日子。郁结在心头挥之不去的痛苦，酿成一腔愁绪，稍稍消释愁怀的只有作诗与练字。纨纨每天要写数幅唐人诗词，使书法造诣更有提高。

纨纨婚后 7 年，心中一直郁结难解，也只有返回娘家暂住的时候，才能重新展开欢颜，重回沉浸书卷与花香的生活。尤其是赴广东中途归来后，纨纨去娘家的次数逐渐增多，住的时间也在拉长，为的就是重温往日时光。

但回娘家时，为了避免父母与妹妹们担心，纨纨并无一字言及自己的婚姻。“绣窗伴妹，未尝偶话忧怀；清宵对母，并不轻提恨字”。父亲叶绍袁认为她胸怀宽广胜过谢道韫（“王夫人胸怀自窄耳”）。岂知她“口无言而心结，貌不悴而神伤，半世情悰，七年心绪，眉怜自锁，怨恐人知”。直到纨纨死后，父母整理她的诗集，才知道她内心的苦痛竟然如此之深！母亲《哭长女昭齐》诗中写她“半生只与愁与伴，七载尝从闷里催”。叶绍袁追忆纨纨：“我女自十七结缡，今二十有三岁而夭，七年之中，愁城为家。”她的诗词真是“无一时不愁，无一语不怨”。

妹妹叶小鸾未嫁而亡时，叶纨纨正在家中作催妆诗，闻此噩耗，急忙赶回娘家奔丧，抚棺痛哭，在悲痛中伤心欲绝，病倒在床，病中犹作《哭亡妹琼章十首》，一字一句，都浸透着伤痛与泪水。

10 首哭妹诗，在哭妹之时，也是自伤。随后，她将哭妹诗连自己之前的诗词一起编成集子，取名曰《愁言》。

她心情原本不好，又疾病缠身，再加上悲伤过度，最终一病不起。

病中的纨纨已自知不能支撑太久,到1632年农历十二月二十二日子时,叫人把自己扶起来,对母亲说,我不行了,然后抗身危坐,敛容正襟,合掌礼念,通身汗下,毫无痛苦之态,就这样去世了。

纨纨逝世时间与妹妹小鸾只相隔70天,终年仅23岁。

落花惊鸟去，飞絮滚愁来

叶小纨

叶小纨，字蕙绸，是沈宜修和叶绍袁的第二个女儿，不仅是女诗人和女词人，也是中国古代第一位女戏曲家。

和叶家其他早慧儿女一样，叶小纨 4 岁就能背蔡琰的《悲愤诗》和白居易的《琵琶行》，10 岁就能吟诗作对填词曲。有一次母亲让她以词、曲牌名作对，她一口气说了“一斛珠；满江红”“点绛唇；剔银灯”“天仙子；虞美人”“金缕曲；桂枝馨”等七八副对子。父亲一旁笑道：“吾儿当为易安（李清照）矣！”

小纨的诗，大体都是清丽隽永的，愁思虽然也蕴藏其中，但比之大姐和小妹显然淡然温和了很多，如写采莲女的一首诗，令人感觉叶小纨就身在其中，天真活泼：

女伴今朝梳裹新，迎凉相约趁清晨。
争寻并蒂争先采，只见花丛不见人。

小纨黄昏时素手卷帘,看到轻绡般的云朵轻轻托住一弯新月,像是少女淡淡描上的一抹娥眉,她写下了一首《浣溪沙·新月》:

纤影黄昏到小楼,弱云扶住柳梢头。卷帘依约见银钩。

妆镜慵开才出匣,蛾眉学画半含愁。清光先自映波流。

一夜西风后,小院秋色萧瑟,梧桐叶在风中簌簌作响,小纨醒来,又听见乌鸦在柳树上啼叫着。她披衣而起,见到秋景,触动心事,写下一首《水龙吟》:

西风一夜凉生,小院秋色还依旧。井梧声碎,惊回残梦,鸦啼衰柳。竹粉全消,荷香初散,韶光难又。看阶前细草,凝愁凝怨,无语恹恹低首。

幽径湖山徙倚,雨方收、苔痕如绣。萍芜飘尽,曲池清浅,照人眉皱。野寺疏钟,长江残月,去年时候。谩追思、付与东流,听取夕阳蝉奏。

这首词颇有沧桑的厚重之感,不同于一般的闺秀诗词。

小纨的成长相对平顺,婚姻也相对幸福。万历四十三年(1615),叶绍袁得知好友沈自铉英年早逝,唏嘘不已,因此将次女小纨许嫁其子永祯,“素车白马,无忘故目之情:清酒鸟羊,感惜异时之陋”。小纨 18 岁出嫁,与沈永祯结为夫妻。

沈家经济条件尚可,沈永祯也已经是一名秀才,性格温厚,夫妻二人情投意合,感情很好。小纨过着相对平静的生活。后来永祯早逝,小纨 34 岁寡居,诗作极多,但流传下来的很少,晚年汰存二十分之一,编为《存余草》。

小纨有一女，取名沈树荣，字树嘉，亦工诗词。女儿长大后嫁与叶世侗之子叶舒颖为妻。沈树荣著有《月波词》《希谢稿》，其文清新淡雅，语词隽秀，深受母亲叶小纨的影响。

叶小纨最重要的作品，倒不是在诗词上，而是在戏曲上，著有《鸳鸯梦》。叶小纨的母家沈家是曲学大家，从沈永桢的祖父沈璨开始，沈家以曲学闻名，荣登万历年间的"词坛盟主"，并形成了声势浩大的戏曲学派——"吴江派"，与汤显祖的"临川派"齐名。之后沈氏家族有沈自晋、沈自征、沈自南、沈永乔、沈永令、沈永隆等二十多人从事戏曲、散曲创作。叶小纨婚后受到沈家文化的熏染，经常阅读戏曲作品并观看戏曲表演，耳濡目染，很快对戏曲文化产生了兴趣，渐渐精于曲律。

在中国戏曲史上，"若夫词曲一派，最盛于金元，未闻有擅能闺秀者"。叶小纨在长姐纨纨、三妹小鸾去世后所作的《鸳鸯梦》是第一部完整保存下来的女性创作的杂剧，其创作心态和创作方式都展现着女性特有的情致和感悟。其文字清雅，词曲优美，但笔力柔婉。

《鸳鸯梦》正名为《三仙子吟赏凤凰台，吕真人点破鸳鸯梦》，叶小纨借剧中惠百芳之口发出晚明众多闺秀的心声："想我辈负此才具，不得当显一世，那多少蛙鸣雀噪的畅，好是冷人齿颊也。"闺秀们就算身负凌云之才，却无法一展抱负，无法拥有实现人生价值的平台，在高门大户里埋没自己的才华。

后来，叶小纨的《鸳鸯梦》和她的诗集《存余草》均被其父叶绍袁收入《午梦堂集》。

1645 年清廷派多铎率军南下，江南也陷入了战乱之中。叶绍袁与叶世侗等三子弃家入山为僧，远离尘世。十多年后，叶小纨重回午梦堂。此时午梦堂中已经青苔遍布，渺无人烟。她漫步在曾经一直思念的故园，曾经这里欢声笑语，其乐融融，才思敏捷的妹妹叶小鸾，冰雪聪明的姐姐叶纨纨，慈爱温柔的母亲沈宜修，宽厚温和的父亲叶绍袁……曾经的一幕幕在她心头浮现，然而眼前却是一片荒凉，落花飞絮，累累青梅，浮云逝水，夕阳残照……她再也找不回以往的一切，人世沧桑，家国破碎，而流年已逝。她含泪写下一首《临江仙·经东园故居》：

旧日园林残梦里，空庭闲步徘徊。雨干新绿遍苍苔。落花惊鸟去，飞絮滚愁来。

探得春回春已暮，枝头累累青梅。年光一瞬最堪哀。浮云随逝水，残照上荒台。

叶小纨一生经历了太多的生离死别，她的泪也流尽了。六弟叶燮在仲姊小纨诗集序言中说："余伯仲季三姊氏，自幼闺中相唱和。迨伯仲季三姊氏早亡，仲姊终其身，如失左右手，且频年哭母、哭诸弟，无日不郁郁悲伤，竟以忧卒焉。"

1657年，叶小纨病逝，终年43岁。临终前，小纨将诗稿交给女儿，希望她带回分湖故园，并给女儿沈树荣留诗一首《病中检杂稿付素嘉女》："伤离哭死贫兼病，写尽凄凉二十年。付汝将归供洒泪，莫留闺秀姓名传。"

叶小鸾

依依柳眼天边碧，淡淡山眉镜里青

叶小鸾，字琼章，一字瑶期，她是叶绍袁、沈宜修夫妇的第三个女儿，是比她两个姐姐还要出色的闺秀才女。叶小鸾出生时，母亲因产后体虚，且当时家中经济拮据，缺少营养调理身体，奶水不足。同时，小鸾的舅母张倩倩刚生下的婴儿却不幸夭折。于是，出生才4个月的小鸾被送往舅舅家，由舅舅、舅母代为抚养照料。

舅母张倩倩是沈宜修的表妹，也是位有才学的女性。她把叶小鸾当作亲生孩子一般看待，不但呵护宠爱有加，还用心教小鸾读书识字。第二年春天，张倩倩便对沈宜修说："是儿灵慧，日后当齐班蔡，姿容也非寻常人可比。"小鸾果然灵慧早熟，工于诗律，"三四岁，口授《万首唐人绝句》及《花间》《草堂》诸词，皆朗然成诵，终卷不遗一字"。舅母越加怜爱，也更加用心地培育。

小鸾10岁时舅母病重，无力照顾，父亲叶绍袁又考中进士，家中境遇有所改善，小鸾便回到了叶家。

小鸾回家不久,一日傍晚在堂前乘凉,秋季月下景色旖旎,母亲沈宜修随口吟出“桂寒清露湿”,一旁的小鸾就应声而答“枫冷乱红凋”,沈宜修大喜过望,赞女儿文采出众,对小鸾愈发怜爱看重。

小鸾12岁“浓发覆额,体质修长,娟好如玉人”,随着父亲到了金陵,父亲教之学咏,于是小鸾从此能诗。她曾作下一首清圆流丽的《春日晓妆》:

揽镜晓风清,双蛾岂画成。
簪花初欲罢,柳外正莺声。

叶绍袁阅诗后惊异不已,认为她的才能不在初唐四杰之下:“时年十二岁,初学遂有此等句,真是夙慧,岂在垂拱四杰之下?”

在叶绍袁处见到小鸾诗歌的文人雅士都赞叹不已,纷纷把诗作录下来带回去,小鸾的诗作便在南京的文人中流传开来。可惜这些在南京的诗作,后来无一存留,母亲沈宜修认为是女儿对自己的精益求精:“想是小时语未工,儿自弃去邪。”

13岁时,小鸾随母亲和祖母到杭州天竺敬香,路过西湖,小鸾有感而赋《游西湖》五绝一首:“堤边飞絮起,一望暮山青。画楫笙歌去,悠然水色冷。”父亲叶绍袁惊奇不已:“十三岁女子,不喜繁华,而喜笙歌去后之水色,清冷凄凉之况,超凡出尘之骨,已兆此矣。”

小鸾14岁能弈棋,16岁善弹琴,清泠可听。她又擅绘画,摹山水,写花蝶,书法亦秀劲。

据母亲沈宜修记载,小鸾性格高旷,厌繁华,爱烟霞,通禅理。自恃颖姿,视金钱若污物,淡然无求,而济楚清雅,所最喜矣。能饮酒,善言笑,潇洒多致,高情旷达,仁慈宽厚,仿佛是《红楼梦》中黛玉与湘云的化身。而她平日穿戴不喜浓艳,淡淡素妆,却更增秀丽清雅。父亲称赞她说:“首无玑珥之耀,衣无罗绮之容,鬓发素簪,旧衣淡服,天姿洁修,自然峻整。”这淡妆雅韵的风格,又似《红楼梦》中的宝钗。

叶家三姐妹感情很深。她们除了在一起吟诗作画之外,还常常结伴外出游玩,如踏青赏花、扑蝶游戏、采莲摘菱等。陈维崧《妇人集》评叶氏三女才调:以“琼章尤英彻,如玉山之映人,诗词绝有思致。”

春光明媚的时候,小鸾和姐妹们一起去看花,刚好前一夜落了一阵细雨,枝头花朵凋零大半,小鸾怜惜那些落花,怜惜生命的美丽与脆弱。回来之后,她作了一首《虞美人·看花》:

看花日日寻春早,捡点春光好。轻罗香润步青春,可惜对花无酒、坐看茵。

昨宵细雨催春骤,枕上惊花瘦。东君为甚最无情,只见花开不久便飘零。

虽然小鸾的词作多处触动愁情,却不萎靡不做作,始终不脱清丽的少女气息,清新宛然,纤婉空灵,如这首《鹧鸪天·春怀》:

月上花梢睡未醒,绣衾香暖梦留人。依依柳眼天边碧,淡淡山眉镜里青。

无意绪,惜娉婷,缘阶芳草伴愁生。东风吹梦知何处,空听流莺槛外声。

小鸾的作品中大多凝着一缕风露清愁。如这首《雨夜闻箫》:

纱窗徙倚倍无聊,香烬熏炉懒更烧。
一缕箫声何处弄,隔帘微雨湿芭蕉。

叶小鸾在读书时,曾戏作艳体联珠诗八首,分别吟咏女子的发、眉、目、唇、手、腰、足及全身。如《目》:"盖闻含娇起艳,乍微略而遗光。流视扬清,若将澜而拒滴。故李称绝世,一顾倾城。扬若回波,六宫无色。是以泳曼睩于楚臣,赋美眄于卫国。"《全身》:"盖闻影落池中,波惊容之如画。步来帘下,春讶花之不芳。故秀色堪餐,非铅华之可饰。愁容益倩,岂粉泽之能妆。是以蓉晕双颐,笑生媚靥。梅飘五出,艳发含章。"

母亲沈宜修阅后极为欣赏,提笔按小鸾所写的各部分也作成一组联珠诗稿,自认为不及女儿写得好,在《拟联珠》的小序中说:"然女实仙才,余拙不及也。"父亲叶绍袁在读过母女二人的作品后,也不自禁地作了和诗,以为"无琼章之清丽与内子之流雅,手篦腕硬不足传也。"

小鸾有一眉子砚,是其心爱之物,是她订婚时舅舅送的贺礼。书载:"此砚长三寸,宽二寸,厚半寸余,面有犀纹,形状腰圆,砚池宛若一弯柳眉,故名眉子。"小鸾曾作两首七绝托工匠镌于砚背,其一曰:

素袖轻笼金鸭烟,明窗小几展吴笺。
开奁一砚樱桃雨,润到清琴第几弦。

1632 年,早有婚约的昆山张家向叶家提出,要为长子张立平与叶小鸾完婚,叶绍袁欣然同意。但小鸾却闷闷不乐。

九月十五,夫家送来了催妆礼,可是就在这一天夜里,小鸾忽然得了重病,张家却要求将婚礼提前到十月十六举行,叶绍袁也同意了。

婚期提前的消息告诉小鸾时，小鸾正卧病在床，叹息道："如此甚速，如何来得及。"

到十月初十这天，小鸾的病情比平常加重了许多，到第二天，病情急转直下，小鸾倚在母亲沈宜修的怀臂间，闭目而逝。全家人伤痛欲绝。

大姐叶纨纨含泪写下10首哭妹诗，凄惨异常。谁知叶纨纨在哭妹后悲痛过度，一病不起，70天后便也随妹而去。二姐叶小纨伤痛之之余作《鸳鸯梦》杂剧，将姊妹三人写入戏中："我三人啊，似连枝花萼照春晖。怎知一夜西风叶尽凋。"

叶小鸾夭折后，叶绍袁整理女儿的遗作，并将亲朋好友的悼亡诗文，合成一集，取名《返生香》。叶小鸾的舅舅沈自炳为《返生香》作序，序言中说："《十洲记》曰，西海中洲有大树，芳华香数百里，名为返魂，亦名返生香。笔墨精灵，庶几不朽，亦死后之生也，故取以名集。"

毕著

相期智勇士，概焉赋同仇

毕著是明末一位文武双全的奇女子，她的父亲是一名武官。受父亲影响，毕著自幼禀姿卓异，工于文翰，善于击剑，而且精通骑术，能挽强弓，是一位“梨花枪万人无敌，铁胆弓五石能开”的女侠。

明代崇祯年间（1628—1644），毕著的父亲任蓟丘（今属北京市）太守，毕著于是跟着父亲居于蓟丘。崇祯十五年（1642），清将阿巴泰率兵进犯蓟丘，毕著的父亲出战抗敌，激战之中，不幸战败身亡，尸首被清军掠去。

当时城中诸将都认为清军实力太大，主张等到援兵之后再行复仇。但当时年仅 20 岁的毕著强忍悲痛，冷静分析，认为等待援兵，时长日久，敌人反而会有恃无恐，以逸待劳，不如乘敌人胜而骄、骄而懈的时机，以袭击战术取胜。她晓陈利弊，力排众议，让明兵照此计划进行突袭。

于是，毕著当天晚上亲自率领一队精锐将士偷袭清军大营，不出她所料，清军果然在营中大摆宴席，喝酒庆贺，毫无防备。毕著见状，便身先士卒，一马当先，挥戈带领精兵冲进大营，杀死敌军主将阿巴泰。

她虽然是年轻女子，又陡遭大变，却沉着从容，武艺娴熟，砍杀了不少敌人，一时间军心大振。而清军则登时大乱，四处逃窜。毕著手刃父仇，得胜而归。

明朝督师听闻此事，大为惊异，也敬佩毕著的忠孝仁勇，因此上书崇祯皇帝，建议授毕著以官职。毕著因为要守父孝，于是辞谢官职，带着父亲的灵柩南归，把父亲葬在金陵（今江苏省南京市）。

她无意官场，只是要报国恨家仇。“事了拂衣去，深藏身与名”。如今她大仇得报，更无牵挂。于是她作了一首《纪事》诗，记录自己杀敌复仇之事，并希望众多勇士同仇敌忾，将“蛾贼一扫清”，保得国家太平。这首诗慷慨悲壮，读之令人热血沸腾，沈德潜以为其“机智、义勇、忠孝于一诗见之”：

吾父矢报国，战死于蓟丘。
父马为贼乘，父尸为贼收。
父仇不能报，有愧秦女休。
乘贼不及防，夜进千貔貅。
杀贼血漉漉，手握仇人头。
贼众自相杀，尸横满坑沟。
父体舆榇归，薄葬荒山陬。
相期智勇士，慨焉赋同仇。
蛾贼一扫清，国家固金瓯。

毕著在这里引用了一个秦女休的典故，并隐隐以秦女休来自比。在秦女休十四五岁的时候，她的父亲被仇人所杀。但她的哥哥懦弱无能，弟弟又懵懂无知。于是，女休手持利刃长矛，手刃仇人，为父报仇。随后女休被官府囚禁，最终被赦免无罪。李白曾作《秦女休行》："西门秦氏女，秀色如琼花。手挥白杨刀，清昼杀仇家。罗袖洒赤血，英气凌紫霞。直上西山去，关吏相邀遮。婿为燕国王，身被诏狱加。犯刑若履虎，不畏落爪牙。素颈未及断，摧眉伏泥沙。金鸡忽放赦，大辟得宽赊。何惭聂政姊，万古共惊嗟。"

毕著脱下了戎装，远离战场上的金戈铁马，从此布衣荆钗，安于闲适恬静的乡野生活。不久之后，毕著嫁给了昆山的一位平民王圣开，夫妇偕隐苏州以终老。她在住宅外面种植了几百株梅花，并作有一首恬静淡泊的《村居》：

席门闲傍水之涯，夫婿安贫不作家。
明日断炊何暇问，且携鸦嘴种梅花。

毕著还曾在嘉定南翔镇蒙馆授课。有《韬文诗稿》传世，只可惜已经散佚了。晚清珍本小说《中国十二女杰演义》也记录了毕著的壮举。

张学雅

一翻风雨过，落尽满园香

明末清初的张学雅，字古什，祖籍太原，随父流寓苏州。

其父张拱端为一方名士，饱读诗书，深知读书的重要，因此很重视子女的教育。他家的子女，都是张拱端亲自教导，长大之后文才都是不凡。尤其七个女儿，即张家七姐妹——张学雅、张学鲁、张学仪、张学典、张学象、张学圣、张学贤，都善于诗文。张氏姐妹的创作体裁多样，内容丰富，成绩斐然。《苌楚斋随笔》道："七女皆能诗，亦闺阁中之佳话也。"

在张家七姐妹之中，老大张学雅是其中最为出色的。父亲张拱端后来写文回忆说，在张学雅出生之日，母亲梦见一位铁冠鹤氅的道人进入堂屋对她说道："天帝的散花玉女不小心打碎御瓶，现在贬谪到你们家，希望你们善待于她。"一觉醒来，母亲便觉腹痛不止，即将临盆。后来她果然生了一个聪颖过人的女儿，这就是张学雅。

张学雅从小饮食清淡，不爱荤腥之食，又聪慧过人，嗜爱读书。在乱世之中，她跟随家人流离播迁，家中极为贫困，甚至纸窗破损也不能修补。但她不以为然，常常端坐一室，把书籍堆了满床，专心研读，往往彻夜不眠。

因为勤奋好学，到了十来岁，张学雅便能属文作《月赋》，文辞清丽圆融，甚为父亲所赞赏。稍微长大一点，她便诗词俱工，灵秀婉雅。如她所作的《闺中闲咏》，描写了一幅娴柔秀静的闺中图画，展现出书香才女温静恬然的心境，并透出一缕淡淡的愁绪：

竹院萧萧人语空，夜来风雨太匆匆。
侵晨独倚阑干角，闲数池莲几朵红。

张学雅所作的是典型的闺秀之词，所作之词多关注四季流转、身边草木。但她心细如发，感情真挚，描摹十分细致，很有自己的风格特色，因此，读之只觉灵气逼人，如这首《海棠春·秋海棠》：

西风吹展胭脂片，愁绝处睡醒难辨。试卷晓帘看，酒晕杨妃面。
雾笼烟锁供肠断，花史还嫌秋色淡。故把雨丝飘，染得红堪玩。

张学雅长大之后，秉性柔脆，身体孱弱，又加上苦心研读，不久便卧病了。身在病中，她仍然手不释卷，勉强撑起病体，洗砚挥毫赋诗。这首《拂霓裳·病起》就是她病中之作：

暗年芳，日暄初换薄衣裳。扶病起，含情对镜懒梳妆。任繁红消索，从柳絮轻狂。损春光，唯怜兰蕙、伴我清凉。

多情须戒，潘仁鬓、易沾霜。从今后，愁来切莫细思量。一翻风雨过，落尽满园香。最堪伤，依依茸草、绿遍回塘。

她的身体终究是一天比一天更虚弱了。有一天，她的母亲又梦见那位道人前来，跟她说："玉女贬谪期满，该回去了。"果然到了第二天中午，张学雅端坐而逝。逝世之时，她手中仍然拿着书卷。直到逝世前的最后一刻，她还沉浸在书香之中。

病逝时，张学雅正值 22 岁的妙龄，尚未嫁人，更无子嗣。妹妹张学仪怀着悲痛之心与怜悯之意细心整理了姐姐的遗稿 10 卷，取名为《绣余遗草》。

张家姐妹都有自己的独立作品集，除了张学雅《绣余遗草》外，张学鲁有《倡和集》，张学仪有《滋兰集》，张学典有《花樵集》《唱和吟》，张学象有《砚隐集》，张学圣有《瑶草集》，张学贤有《华林集》。张学典的两个女儿杨芝和杨芬也好学而有才情。张氏七姐妹在当时是一个令人瞩目的女性作家群体，在文学的天空中，焕发出特有的绚烂光彩。

思君如璧月，皎皎照妆台

顾若璞

顾若璞，字和知，浙江钱塘（今杭州市）人。顾氏自沧江、西岩、悦庵、友白四世皆有文名，可谓累世书香。而她又生性聪慧，未出阁便已经是远近闻名的小才女了。

15 岁时，她嫁给少参黄汝亨的长子黄茂梧为妻，黄家也是书香门第。她和丈夫情深义重，情投意合。那时，她常和丈夫携手出游，彼此唱和。

冬日雪后，有一日，她和丈夫游览西溪。西溪景致幽美，溪水潺潺，岸上张着渔网。茅屋旁是幽幽翠竹，有青碧的小鸟啁啾不已。两人缓步而行，心旷神怡。他们渐渐走到梅林旁边，只觉暗香袭人，有梅花花瓣轻轻坠落到衣裳之上。良辰美景，身边又是良人，夫妻二人自然诗兴大发，相互唱和。顾若璞作有《和夫子西溪落梅》：

逦迤入西溪，溪深深几曲？

断岸挂鱼罾，茅檐覆修竹。
翠羽何啁啾？满林香扑簌。
晴雪飞残英，坐爱倾蚁绿。
鹿门迹未湮，与子同归宿。

黄茂梧屡试不第，心中未免不快。顾若璞体贴丈夫，曾作《慰夫子副榜》一诗以慰。在她看来，两个人相爱相守，好过功名利禄。如此琴瑟和鸣，只盼白首不相离。只是可惜，她 28 岁那年，丈夫大病一场，不久就去世了，天人两隔。

她曾拟古作《自君之出矣》，诉说对丈夫的思念：

自君之出矣，不理钗头玉。
思君湘水深，啼痕犹在竹。
自君之出矣，鸾镜不曾开。
思君如璧月，皎皎照妆台。
自君之出矣，罗幔月娟娟。
思君如络纬，辗转一丝牵。

但她并没有一味地沉浸在悲哀之中，而是坚强地给自己以及两个儿子撑起了一方天空。在公公黄汝亨的指导下，她系统地学习了《周易》《诗经》《庄子》《楚辞》和秦汉大家的散文。白天，顾若璞请塾师指导儿子们，自己则读遍丈夫藏书室中留下的书籍。晚上，她便把自己白天所学细心教给儿子们。

顾若璞曾为儿子们建造了一条读书用船，泊在西湖一个隐蔽的角落里。她为此还作下了一首《秋日为两儿修读书船泊断桥作》：

闻道和熊阿母贤，翻来选胜断桥边。
亭亭古树流疏月，漾漾轻袅泛碧烟。
且自独居扬子宅，任他遥指米家船。
高风还忆浮梅槛，短烛长吟理旧毡。

她独立抚养，悉心教育，两个儿子终于长大，成为了满腹诗书的文人，但和父亲一样，他们都没有取得任何科举功名。她在教育孩子的过程中，也丰富了自身，自经史百家至本朝典故，无不贯通，为明清之际杭州闺秀诗坛之冠。

除了对儿孙们的教育，她也非常重视对家族里的女孩们的培养。她在自序《卧月轩集》时指出："尝读诗知妇人之职，惟酒食是议耳，其敢弄笔墨以与文士争长乎？然物有不平则鸣，自古在昔，如班（昭）、左（芬）诸淑媛，颇著文章自娱，则彤管与箴管并陈，或亦非分外事也。"在顾若璞的影响下，顾黄两氏的孙辈们，无论男女，都能拈韵赋诗。其孙妇姚令则、钱凤纶，孙女黄堞、黄竣、黄垣，夫姐黄修娟，弟妹黄鸿，侄女顾之琼，侄孙女顾长任、顾姒，皆能诗擅文，真可谓满门风雅，满室光华。

她每次看到孙女辈们的诗词，都极为欣慰与快乐，她从这些热爱诗词的年轻人身上，看到了自己年轻时的影子，因此，她对她们关怀备至，极其支持她们的一切文学活动。"蕉园诗社"就是在她的支持和鼓励下建立起来的。"蕉园诗社"在当时是"艺林之盛事"，是清代最著名的闺秀诗社。

蕉园诗社前后两期的组织者顾之琼和林以宁，是顾若璞的娘家侄女和外孙媳妇，她们只是名义上的组织者，实际支持者还是顾若璞。她被称为洪黄钱顾四大家族的"老祖宗"。她诗思敏捷灵妙，"无白发青裙萧飒之态”。林以宁还拜她为师,在她的指导下诗文大进,获益匪浅。

她还经常和孙女辈一起,在山水间聚会冶游,吟诗作词,风雅无限。林以宁晚年在《字字香》序言中曾感叹说:“忆予从顾太君卧月轩时,六十年间,犹昨日事耳!徽音遥嗣,乃在梅君。”顾若璞90岁高龄的时候,还为她的孙媳钱凤纶的诗集《古香楼集》题序。序云:“余家本西河,吾祖沧江公而下代有诗句,闺中雅集亦有文词竞胜。余与弟妇季昭夫人鸾笺酬答,遂有《闺晚吟》《卧月轩》诸刻。侄女玉蕊夫人,才名鹊起,藻绩益工,果然积薪居上颖。孙女钱凤纶,玉蕊夫人之次女也。”

从《国朝杭郡词辑》《晚晴簃诗汇》保留的顾若璞的一些歌物咏志作品,可以窥见她潇洒清雅的性格特征:

湖　中

湖光渺渺冷烟微,江鹭沙凫伫不飞。
恰欲抱琴轻别去,芰荷分绿上罗衣。

感　怀

不堪愁病强搔头,二十三年感百忧。
却也不知方寸内,如何容得许多愁。

忆王孙

年年云锦织天孙。银汉无情劳梦魂。
乌鹊声声隔岸闻,怨黄昏。烟锁琼楼月到门。

长相思·春词

梅子青,豆子青。飞絮飘飘扑短襟,风褰罗袖轻。
送芳辰,惜芳辰。春事支离些个情,眉峰恨几层。

顾若璞著有《卧月轩稿》行世。在《卧月轩稿》中，很多文章都有关国家兴亡、经济运筹，见识非凡，可谓胸有智谋韬略的奇女子。前人曾赞："明世巾帼中乃有此人，亦一奇也。"可惜身为女子，她不能实现自己经世治国之志，也只能纸上谈政了。

顾若璞90余岁仍不废诗书，无疾而终。

故国茫茫，扁舟何许，夕阳一片江流去

徐灿

徐灿，字湘苹，又字明深、明霞，号深明。江南吴县（今苏州市西南）人。明末清初女词人、诗人、书画家。

徐灿出身于书香大家，是明朝光禄丞徐子懋的次女。她从小就受到诗书熏染，诗词皆精，为父亲所钟爱看重。在《家传》中，父亲爱怜地称女儿“幼颖悟，通书史，识大体”。她还善于书画，所画仕女设色淡雅，笔法古秀，工净有度，得北宋人法。

她幼时住在苏州城外的一座山庄里，这里风景幽雅清静，给了她许多文学上的灵感。后来，她认识了一批极有才气的姐妹，加入了蕉园诗社，成为“蕉园五子”之一。

蕉园诗社的众姐妹，经常在西溪西湖的美丽山水园林间聚集游览，分韵吟诗。蕉园诗社“祭酒”柴静仪的词《点绛唇·六桥舫集，同林亚清、钱云仪、顾重楣、启姬、冯又令、李缟明诸闺友》，就淡笔轻描了当时的场景：

堤柳依人,湘帘画舫明湖泛。桃花开遍,共试春衫练。

雨丝风片,暗扑游人面。春方半,韶华荏苒,分付莺和燕。

徐灿于崇祯初年嫁给了陈之遴。陈之遴是海宁望族之后,也是明末清初的知名诗人,朱尔迈在《搏桑阁集·李夫人竹笑轩续集序》中云:“吾邑僻处海滨,文章甲第相望,不名一家。自数十年来,推最盛者:曰陈氏,曰葛氏。”“陈氏”即指陈之遴家。陈之遴的原配夫人早逝,徐灿是他的继室。陈之遴与徐灿志趣相投,相互欣赏。两人诗词唱和,其乐融融。

崇祯十年(1637),陈之遴进士及第。随后他便买下了苏州四大名园之一的拙政园作为住所居住。但是陈之遴不得皇帝喜欢,又因受到父亲陈祖苞罪事牵连,被崇祯皇帝斥为“永不叙用”。其后 7 年,陈之遴便与妻子徐灿歌咏于拙政园中,“时史席多暇,出有朋友之乐,入有闺房之娱”。徐灿后来的作品集子,就以拙政园命名,有《拙政园诗余》3 卷、诗集《拙政园诗集》2 卷。

但是好时光并没有持续太久,7 年之后,明朝灭亡,清兵大举南下,江南一带饱受战乱之苦。徐灿对宦途险恶产生了厌倦之意,而陈之遴对仕途仍有所眷恋,于明亡后出仕新朝。然而深受儒家思想影响的徐灿不能接受丈夫出仕清廷。可又不可能直面抗争,故其心情是矛盾而抑郁的。此时她作下《木兰花·秋感》:

春事茫茫秋有几,眼前又近中秋矣。伶俜却似梦中身,梦随蝴蝶花间雨。

七贵五侯谁为语,瑶台日敞悲风里。飞云流月总无情,有情泪满湘江水。

陈之遴在清廷飞黄腾达，到了顺治九年(1652)，官至弘文院大学士，可谓身居相国高位。但徐灿忧心忡忡，她不断劝说丈夫辞官归隐，免得宦海浮沉，“问五湖，那有扁舟？”“梦魂曾到水云乡”，但丈夫根本听不进去。

顺治十二年(1655)，陈之遴以弘文院大学士加少保，兼太子太保，在仕途上达到了顶峰，引起了同僚的嫉妒，也不断遭到弹劾。顺治十三年(1656)，陈之遴被弹劾，以原官发配盛京居住，徐灿随行。同年十月朝廷复命回京入旗。顺治十五年(1657)，陈之遴因为重罪而免死革职，“流徙盛京，家产籍没”。全家迁往沈阳。

丈夫屡受责罚，徐灿也跟着颠沛流离。她本来就多愁善感，此时的遭际更是让她痛苦不已。她作的《如梦令・闺思》，满纸惆怅：

细雨落花江上，风动玉钩帘帐。试问倚阑人，愁锁一天春望。怊怅，怊怅，波畔双鱼轻漾。

徐灿善用叠词，造成一唱三叹、回环往复的效果。她的《长相思・别意》在这方面最具代表性，也是诉说相思之意与愁怨之情：

花冥冥，水泠泠。雨雨风风满碧汀，劳劳长短亭。
想凄清，倚银屏。点点声声不忍听，盈盈泪暗零。

徐灿更有豪迈之语，如她的《满江红・感事》便充满沉郁顿挫之气：

过眼韶华，凄凄又、凉秋时节。听是处、捣衣声急，阵鸿凄切。往事堪悲闻玉树，采莲歌杳啼鹃血。叹当年、富贵已东流，金瓯缺。

风共雨，何曾歇？翘首望，乡关月。看金戈满地，万山云叠。斧钺行边遗恨在，楼船横海随波灭。到而今、空有断肠碑，英雄业。

徐灿词中最为人称道的当数《踏莎行·初春》，整首词都浸满了历史沧桑之感，抒发了强烈的爱国热情：

芳草才芽，梨花未雨，春魂已作天涯絮。晶帘宛转为谁垂，金衣飞上樱桃树。

故国茫茫，扁舟何许，夕阳一片江流去。碧云犹叠旧河山，月痕休到深深处。

晚清词坛宗师谭献曾评论徐灿的这首词说："兴亡之感，相国愧之。"相国指的就是徐灿的丈夫陈之遴。陈之遴出仕清朝，当时被认为是无行文人。而徐灿词中对于故国的深沉感情则赢得了传统文人们的尊重与钦佩。

迁往沈阳6年后，陈之遴不幸病死于盛京戍所。丈夫死去不久，徐灿与陈之遴的两个儿子也相继去世。徐灿奉骨南归，独自回到故乡。此时的她鬓发苍苍，孤身一人，无比凄凉。于是她卜居新仓小桐溪上之南楼，在佛法中寻求情感的归宿和心灵的解脱，"布衣练裳，长斋绣佛"而终。她还曾手画观音大士像多幅，施送各处庙宇，得者视为珍品。清诗人吴敦有《小桐溪杂咏》称赞晚年的徐灿："阁老厅堂付郁攸，长斋绣佛几经秋。南楼依旧看明月，绝胜如花十二楼。"

陈维崧《妇人集》对她推崇备至："才锋遒丽，生平著小词绝佳，盖南宋以来，闺房之秀，一人而已。"《白雨斋词话》评论说："闺秀工为词者，前则李易安（清照），后则徐湘苹（灿）。"

林以宁

为爱意缠绵，挑灯百回读

林以宁，字亚清（一作亚青），浙江钱塘（今杭州市）人。她是进士林纶之女，家学渊源深厚。母亲也是个饱读诗书、才学过人的女子，曾在林以宁幼年的时候对她说：“愿汝为大儒，不愿汝为班左。”林以宁深受父母影响，因此自小旁通诗文，志向高远，见识不凡，后来诗文风格“自命卓卓，绝不似闺阁中语”，又擅长书画，尤善画梅竹，后来成为著名的“蕉园五子”之一。

林以宁长大后嫁给了钱肇修，成就了一对恩爱夫妻。钱肇修比林以宁长 3 岁，两人志趣相当，情投意合。

钱肇修才学出众，他的母亲顾之琼和姐姐钱凤纶也是著名女诗人。书香之家，满门风雅。但是风雅之家也曾遭过大劫难。钱肇修之父钱开宗因丁酉科场案被朝廷处死，全家被流放关外尚阳堡。钱肇修以辽北籍举子身份中康熙三十一年（1682）进士。中进士后先是外放洛阳县令，继迁江南道监察御史。家道中落又能东山再起，可见钱肇修的确是才华横溢,出类拔萃。顾之琼、钱凤纶及钱肇修,都很欣赏和爱惜林以宁的才华,因此,婚后,林以宁得以继续她书香画卷的雅致生活。

钱肇修至河阳任官时,林以宁随同丈夫一起前往。闲暇之际,夫妇诗词酬唱,其乐融融,写下大量作品。这大约是林以宁最甜蜜温馨的时光。这些作品后来被她编辑成册,林以宁当时所取的室名是"凤潇楼",于是诗集就被命名为《凤潇楼集》。集内诗词满纸珠玑,被争相阅读,一时成为文苑美谈。

不过,举案齐眉、甜美缱绻的日子并没有延续很久。此后,钱肇修至京供职,林以宁留在杭州,与婆婆顾之琼做伴。从此夫妻分隔两地,聚少离多。林以宁作品中开始多了相思离情,多了斑斑泪水。她将所有思念诉诸笔下,在《寄夫》诗中说:"千里相思一轮月,三年情绪百篇诗。"后来又有《得夫子书》一诗,温雅缠绵:

经年别思多,得书才尺幅。
为爱意缠绵,挑灯百回读。

一个春夜,细雨连绵,乌云沉沉,她独守空房,倾听细雨敲瓦之声,不由得愈发思念丈夫,作下一首《独夜吟》:

蕉心未展桐花老,春社才临燕声小。
屋角阴云冻天色,雨脚斜侵砌草织。
暮寒压梦梦不成,耳边哀角呜呜呜。
幽房鬼逼兰釭凝,床头玉盏敲红冰。
斫桂烧云老不死,夜乌啼杀晓乌起。
独茧抽丝结绣襦,侬心未卜郎心似。

开帘蜡树烟依微，海燕宾鸿相背飞。

孤吟起坐各无赖，昨夜邻家夫婿归。

林以宁在闺中的时候，便是“蕉园五子”之一。清代诗社遍立，词学鼎盛，闺秀才女受此影响，也纷纷结社唱和，“意在吟赏梅月之风，以添妆台逸兴之情”。蕉园诗社算得上是当时最著名的闺秀诗社了。

蕉园诗社和林以宁极有渊源。她还是少女之时，婆婆顾之琼在老祖宗顾若璞的支持下，集合当地能诗女子，组织蕉园诗社。而林以宁就曾获得顾若璞的欣赏，师从顾若璞，顺理成章地加入蕉园诗社。所谓“蕉园五子”，即指林以宁及徐灿、柴静仪、朱柔则、钱云仪五位闺秀才女。后来林以宁嫁了过来，顾之琼便又让她接替自己，担当起重振蕉园诗社的重任。林以宁重新组织蕉园诗社，为诗社新社长，新入社的有张昊、毛媞、冯娴、顾姒，而原先的成员徐灿和朱柔则离开了杭州，便不算在内，一共七人，是为“蕉园七子”。

蕉园七子诗社不同于蕉园五子诗社带有家庭吟乐的痕迹，七子诗社是以乡里地域为特点组成的诗歌创作群体，她们分题拈韵，互相唱和，是当时文坛的盛事。当时蕉园七子之名，颇蜚声于西子湖滨。林以宁便是七子诗社“七子之秀”和五子诗社“五子之长”，真正的灵魂人物。

蕉园诗社是个极具灵性和诗意的组织，社中闺秀们经常结伴出游，徘徊于小园香径之中，“春歌桃花，夏咏荷花，秋唱桂花，冬赞梅花”。她们或对弈抚琴，或泼墨挥毫，或举行诗会。她们坐船出游，顾盼神飞，引得路过的画舫妓女看了，自惭形秽。据《清诗汇》《诗话》介绍：“季娴工诗书画，又从父学琴，手录琴谱，父为之序。尝于春日偕蕉园诸女士扁舟泛湖，练裙椎髻，命翰分吟，画舫相邻多靓妆，游女旁窥风格，诧为仅见。”

这仿佛是《红楼梦》中描写的踏雪寻梅、食膻啖腥、吟诗作词的风雅生活。《红楼梦》中描写，红楼女儿们结诗社后，都为自己取了一个雅号，如林黛玉号“潇湘妃子”，薛宝钗号“蘅芜君”，李纨号“稻香老农”等。蕉园诗社的闺秀才女们，也都为自己取过雅号，如林以宁号“墨庄”，钱凤纶号“天香楼”，柴静仪号“凝香室”等，后来她们还都以自己的雅号为书名出版过自己的诗集。

在为冯娴《和鸣集》所题的跋中，林以宁说：“遂因诗启以得见于夫人（冯娴）。夫人忘其卑幼，而引与交。月必数会，会必拈韵分题，吟咏至夕。且又推其姻娅，若柴季娴、李端明、钱云仪、顾启姬，人订金兰，家绕雪絮，联吟卷帙，日益月增。”她们在每个成员的生日、送别、对弈、作画、听琴等时候都互相酬答唱和。这样闲逸雅致的文人生活熏陶成了独特的蕉园之风，清新脱俗，渊博秀美，如同西溪湿地、西湖水风。蕉园诗社在那个时代，如同一道电光，划亮了女子诗坛。

林以宁曾作有《秋暮燕集愿圃，同季娴、又令、云仪启姬分韵》诗，就是当时诗会所作：

早起登临玉露瀼，画楼高处碧云凉。
池边野鸟啼寒雨，篱外黄花媚晓妆。
斜倚红阑同照影，闲挥绿绮坐焚香。
溯洄他日重相访，一片蒹葭秋水长。

林以宁的词《少年游·河渚观梅》，也记载了当时的场景：

寒山环翠，春波涨绿，帆影落前川。后会难期，韶光易换，莫惜买花钱。

村醪痛饮高歌彻，沉醉暮云边。试问花神，罗浮佳境，还得几回看。

林以宁除了工于诗词，还擅长丹青。而她也是爱竹之人，窗前种竹，不仅善画竹，也善咏竹，有《画竹》诗：

新竹出短篱，亭亭如织翠。
明月升东轩，竹影宛在地。
铜砚磨松煤，濡毫写其意。
清幽固可嘉，爱此坚贞志。

林以宁十分推崇墨子和庄子的思想，她的作品集就命名为《墨庄诗钞》和《墨庄词余》。她一生除创作了大量诗词外，还曾创作过杂剧《芙蓉峡》。不过此剧已经失传了，只有《题〈芙蓉峡〉传奇》一曲保留了下来，从曲中可知，这部杂剧所描写的是爱情的悲欢离合。

林以宁还善抚琴，曾留下一首琴曲《水仙操》：

蹈彼海滨兮以居以处，抚瑶琴兮与谁语，天风起兮蛟鼋鸣，
海波扬兮何亏何盈，我神何栖兮于彼太虚，物我两我兮不闻其声。

她的生活，是闺秀名媛的"琴棋书画诗酒花"，可谓"清闺事事堪题咏"，她的《减字木兰花》，也是清幽恬静：

明窗净洁，点染数枝花似雪。疏影阑干，人在含章梦亦寒。
霜天未晓，遥听仙禽声嘹绕。景写罗浮，仿佛清香满玉楼。

林以宁体弱多病，又多愁善感，春日花落，她见落红满地，心疼不已，还把花瓣细细收集起来，仿佛是《红楼梦》中的黛玉葬花。她曾作有《落花诗二首》：

寂寞春林覆碧堂，杜鹃啼彻月昏黄。
长门有泪无由达，化作飞红入未央。

小园风雨夜来添，剩得残枝手自拈。
只恐芳华零落尽，收将余泽在香奁。

虽然体弱多病，但学识渊博、心胸豁达，林以宁也得享高寿。在她76岁高龄时，还为另一位钱塘才女梁瑛（号梅君）的著作《字字香》作序。序中感叹说："忆予从顾太君卧月轩时，六十年间，犹昨日事耳！徽音遥嗣，乃在梅君。"在林以宁为顾氏的后人梁瑛撰序时，不禁让她回想起60年前，自己还是个16岁的小姑娘时，师从顾若璞的点滴情谊。林以宁的这篇序，落款有"雍正八年春三月望，七十六老妪钱林以宁题于墨庄"的字样。

柴静仪

留君共晨夕，风雨数开樽

柴静仪，字季娴，一作季畹，“蕉园五子”之一。在她 11 岁时，父亲柴世尧送给她一把名为“老龙吟”的琴，还教给她弹琴的各种技巧。她幼年聪颖，年未及笄即能辨四声，并跟随父亲学诗。除了诗、琴外，柴静仪还“博涉群艺，凡楷书、画法各臻其妙”。她工写梅竹，有木樨芙蓉图，笔意韶秀。另著有《凝香室诗钞》。

在结婚以前，少女柴静仪的生活可以说是悠闲而又文雅的。柴氏的家庭境况较为富足，不但有自己的园林，还供养了一班女乐。柴静仪常与父母、姊妹一起举行宴会，联吟酬唱。在她的《奉侍两大人燕同姊如光、叔屿》诗中就有这样的描写：

高堂开绣幕，诸女侍琼筵。
竹翠经冬候，红梅欲雪天。
仙杯传沆瀣，家乐出婵娟。

冶态欺樊素，明妆胜小怜。
歌声依玉笛，舞影乱花钿。
碧笋调羹美，冰鱼入馔鲜。
银蝉斜睨树，绛蜡倒垂莲。
臂锦添犹薄，炉香灭复燃。
庭帏聊偃息，吾辈且留连。
缓步回廊过，联吟小阁偏。
弹棋展方局，泼墨曳长笺。
琴轸还同理，茶铛且自煎。
鸡鸣应问寝，今夕不须眠。

《名媛诗话》说柴静仪诗“落落大方，无脂粉习气”，又称她“道珠情深，于词笔妙”。沈德潜则评静仪诗“本乎性情之贞，发乎学术之正，韵语时带箴铭，不可于风云月露中求也”。才气横溢的少女，又备受父母宠爱，神采飞扬，秀色夺人。

柴静仪后来嫁给了沈汉嘉。沈汉嘉是当时的知名诗人。两人才貌相当，本是天作之合，但婚后，柴静仪的生活发生了巨大变化。沈家较为贫寒，和柴家不可同日而语。沈汉嘉则“性恬退，自高”，且“少不得志，居恒常郁郁”。柴静仪便进入了平凡女子相夫教子的平常生活。即使这样，她也并未怨天尤人，更未停止写作，闲暇时仍“以吟咏自娱”。她还加入了蕉园诗社，并被推选为祭酒，即诗社的主持人。她在诗社中和一群闺秀成为挚友，彼此唱和。在这些闺友之中，和柴静仪最为相契的是林以宁。柴静仪写过多首诗词给林以宁：

与亚清集于园林

月榭云楣结构新，一尊相约玩芳辰。

红翻鸂鶒山塘小，碧点蜻蜓涧水春。

酒兴渐随花事减，诗怀偏与药囊亲。

风流文采兼娴雅，闺阁如君得几人？

林亚清竟至

忽报香车至，相邀坐竹轩。

花迎仙子笑，禽学女童言。

槛外风光好，闺中古道存。

留君共晨夕，风雨数开樽。

而她并不只是清逸雅致，她还有着男儿一般的胸怀抱负，曾在《黄天荡咏古》写道：

玉面云鬟拂战尘，芙蓉小队簇江滨。

不操井臼操桴鼓，谁信英雄是美人？

诗中所赞美的梁红玉是南宋抗金名将韩世忠的妻子，梁红玉曾在一次战斗中，亲自上战场擂鼓造势，令军队士气大涨，助丈夫取得胜利，因而美名远扬。对于这种女英雄，柴静仪是敬仰和崇拜的，并希望自己也能像男儿一样上场杀敌，美人也能是英雄。

柴静仪的诗词中还涉及边塞题材，有《风入松·拟塞上词》：

少年何事远从军，马首日初曛。关山隔断家乡路，回首处、但见黄云。带月一行哀雁，乘风万里飞尘。

茫茫塞草不知春，画角那堪闻？金闺总是书难寄，又何用、归梦频频？几曲琵琶送酒，沙场自有红裙。

在她的几个儿子里，沈用济虽然科举不第，游食四方，以布衣终老，但他的诗名极高。如《国朝杭郡诗辑》卷十赞扬他的诗“持格甚严而饶有思致，风人正则也”。沈用济深受母亲诗学观念的影响。柴静仪诗中云：“汉诗经义少人知，坐咏行吟自得之。更诵葩经与骚些，温柔敦厚是吾师。”对汉诗的成就加以肯定。后来，沈用济与友人合著《汉诗说》，推崇汉诗高古天成，非人力所求，并认为汉诗才是学诗的正途。

沈用济娶妻朱柔则，“能诗而贤”，亦善绘画，著有《嗣音轩诗抄》和《绣帙余吟》一卷。婆媳俩不仅才情相当，而且心灵相通。她为有这样一位风雅秀慧、勤劳能干的媳妇而感到无比庆幸，曾作五律《示妇朱柔则》一首：

偶来香阁里，看尔试新妆。
云鬓偏宜小，春衫不用长。
病犹勤组绣，贫不废词章。
尤喜能操作，依依井臼旁。

在辛勤操持家政之余，朱柔则时常向婆母请教，柴静仪诗中即有“检得杜陵诗一卷，北堂亲教女书生”（《与冢妇朱柔则》三首其二）之句，描述的就是两人教学时的场景。其实除了沈用济、朱柔则夫妇外，柴静仪的其他子媳也都能吟咏文字。林璐在《柴夫人诗序》中说：“仆闻夫人闲居无事，膝前玉树同赋《荆花》。即冢妇、介妇，或妆成而问字，参差环佩，俨如高足弟子，掩映绣帷。天伦乐事堪传图画。”

沈氏家庭成员的作品还辑录成集，名为《沈氏一家文》。在柴静仪的影响下，沈氏也是一门书香。

朱柔则

楼外有梅三百树，美人不到不开花

朱柔则字顺成，号道珠，钱塘（今浙江杭州）人。“蕉园五子”之一。嫁到沈家时，她年纪还小。丈夫沈用济也不过是弱冠之年。她自小受父母悉心教导，因而工诗能画，出嫁之前已经是远近闻名的小才女了。

沈用济深爱妻子，不仅惊艳于妻子的容貌，也感佩于妻子的才华。而他也是当时著名的才子，少承母教，长大游迹天下，视野开阔，也不愿意拘束了她，对她疼爱有加。

婆婆柴静仪工诗善琴，是当时出色的闺秀才女。每次日落黄昏，她便会听到幽幽琴声，叮叮咚咚，如珠落玉盘。原来，那是操持完家务的婆婆在房中弹琴。她抱膝而听，听得出了神。

她跟着婆婆料理家务，操持家事。婆婆生性温和，也欣赏她的才华，看到她写的诗、画的画，都称赞不已。婆婆也把自己写的诗拿给她看，她只觉得满纸清气，落落大方，毫无脂粉习气，忍不住提笔写了一首唱和。婆婆更是欢喜，便悉心指点，从此，婆媳间多有诗词唱和。

朱柔则是个颇有天赋的女子，她不仅想做个宜家宜室的好妻子，也想做她自己，一个才华横溢的女诗人、女画家。幸运的是，她得到了丈夫和婆婆的支持。他们懂得她，也欣赏她。因而，她得以在家务事外，还保有自己的一方心灵天空。

后来，朱柔则与婆婆柴静仪同为“蕉园五子”，并负盛名，参与诗社种种雅事，湖中泛舟，香径徘徊，分韵作诗，被当时的人们所盛赞：“姑妇两世能诗者，可称仅见，当与吴中陆卿子、文淑并传为佳话。”

沈用济虽然有才，却仕途坎坷，每每都是落魄而归，她和婆婆为了安慰丈夫，都作诗以赠。只是婆婆的诗多为说理，而她的诗则是柔情缱绻，以深情慰之。

婆婆年事已高，操持这个大家庭的责任渐渐转移到了身为长媳的朱柔则的身上。此时，她也不是当初的小女孩了，以柔弱之肩，强韧地承担起了一切责任，把 20 多口人的大家庭打理得井井有条。婆婆既欣赏，又怜惜媳妇，认为她和曾经的自己一样，虽然锦口绣心，却也能任劳任怨，并不是不食人间烟火的娇女子。婆婆作《与家妇朱柔则》一诗赞之，同时也希望她能够更加包容和理解丈夫，让他没有后顾之忧：

深闺白日静，熏香垂罗帱。
病起罢膏沐，淡若明河秋。
自汝入家门，操作苦不休。
苹藻既鲜洁，牖户还绸缪。
丈夫志四方，钱刀非所求。
惜哉时未遇，林下聊优游。
相对理琴瑟，逸响随风流。
潜龙慎勿用，牝鸡乃贻羞。

寄方闺中子，柔顺其无忧。

家中公婆疼惜，人人敬爱，她唯一的烦恼大概就是丈夫的远游了。为了证明自己，丈夫每每长期奔走异乡为客，她的青春，竟然大部分时间都是在长久的等待中耗掉了。每次丈夫外出，她都忍不住内心的思念之情。她的诗也多是送别和寄远之作，那都是她思念丈夫的眷眷之情，如《寄远曲》曰：

恨少垂杨柳，殷勤系玉鞍。
夕阳鸦背暖，春雪马蹄寒。
入世逢迎拙，依人去往难。
痴儿啼向我，昨夜梦长安。

她劝说丈夫归来，希望丈夫能懂得她深闺中等待的无奈与凄凉，又作《别曲》：

三载饥驱走路岐，一春风雨倍凄其。
黄金最是无情物，长使深闺怨别离。

而有一次，丈夫出去得特别久。她每日倚门，翘首盼望，一日又一日，夫君还未归来。此时，她也柔肠百转，相思难遣。“何当共剪西窗烛，共话巴山夜雨时？”她终是忍不住，想要提醒他早日归来了。于是，在一个万籁俱寂的夜晚，家人都已经熟睡了，她素手执笔，细细画了一幅《故乡山水图》，并题诗于上：

柳下柴门傍水隈，夭桃树树又花开。
应怜夫婿无归信，翻画家山远寄来。

这样风雅而又带点娇俏的小诗，自然打开了丈夫的心扉。沈用济收到这幅妻子寄过来的小卷，知道妻子的相思之意，不免归心似箭，当天就启程回家了。此事一时传为佳话。不过可惜的是，朱柔则的《故乡山水图》并未传世。

虽然琴瑟和鸣，但是沈用济和那个年代的很多男人一样，仍然纳了一个妾，名字叫作顾春山。幸好，朱柔则的天地已经博大，对他的爱意也已经够笃定，从未因为外界的变动而丧失方向与自信。

朱柔则曾经约着顾春山到河畔去看梅花，那梅花开得胭脂一般，朱柔则看得心怀大畅，吟《河渚观梅约顾女春山》诗道：

相期河渚玩春华，一棹迎风路未赊。
楼外有梅三百树，美人不到不开花。

“美人不到不开花”，何等的自信与风流。

朱柔则著有《嗣音轩诗抄》和《绣帙余吟》一卷。

朱中楣

愁极把杯对饮，闲来分韵题诗

朱中楣出身书香宗室之家，字懿则，一字远山，江西南昌人，生于明天启二年(1622)。她所在的家庭十分注重礼仪教化。朱中楣的父亲“生而明敏”“好读书且擅临池”；朱中楣的母亲出身名门，秉性贤良，勤俭持家，并亲自教导子女。

在这样的环境中，朱中楣自然能得到书香的熏染。而她年幼之时便聪颖绝伦，在女红之余，她便居于一栋小楼之上，用朱红色的毛笔批阅《史记》及诸家诗集，并能成诵，间或还能吟诵自己创作的诗词，多有警句。外祖父对朱中楣的天赋异禀感到非常奇异，于是给她取字“懿则”。

朱中楣天生丽质，少女时代已经出落得明艳动人，对于美她也有自己独到的见解。她认为，美人不仅要具备出众的才貌，更须具备出众的才情。她曾作下一首《春日美人》言：

隔林曙鸟唤初晴，宛转蛾眉画欲成。
蔗外天桃羞比艳，阶前文杏自生英。
闲将佳句题纨扇，却把新音度管筝。
薄袂风飘香不定，怀芳拾翠畅幽情。

明崇祯十二年（1639），朱中楣嫁给了李元鼎。李元鼎字梅公，江西吉水县人，也是出生于文风鼎盛之家，1622年中进士，官至光禄寺卿。婚后，朱中楣生了一子李振裕，又生了一女李振枋。

嫁入夫家之后，才、德、貌兼备的朱中楣，得到了李元鼎的敬重和欣赏，诗词唱和也成为二人夫妻生活的重要组成部分，两人作下大量诗词作品。在李元鼎的《石园全集》中，卷十一《倡和初集上》，卷十二《倡和初集下》，卷十五《随草诗余》，卷十七《镜阁新声》均为夫妻二人唱和之作，共计诗152首，词93首。

夫妻二人志趣相投，也都是风雅之人，平日生活中也常行风雅之事。比如说朱中楣的《和梅公》：

暑退凉生小院，花移月上高枝。
愁极把杯对饮，闲来分韵题诗。

此诗说的是夏夜小院，花月相映，两人心中有愁绪，于是举杯共饮，以浇心中块垒。良辰美景，又有爱人相伴，心中渐渐舒畅起来，于是一起吟诗作对。这些诗中都浸透着夫妻二人对甜蜜温馨生活的满足与愉悦。

正因为夫妻感情融洽，所以当二人分开之时，心中便难舍难分，思念不已。朱中楣曾有《赠梅君》言：

天热官仍冷，市喧人自闲。

稚儿方解语，共喜说远山。

李元鼎在外做官，朱中楣写诗寄给丈夫，如同家信一般平实温馨。李元鼎收到诗之后，情难自已，展卷提笔回信："扰扰红尘里，官闲念未闲。南归归在望，情梦到家山。"在诗里，他向朱中楣诉说了思念家乡，也思念妻儿，盼望早日归家的心情。

在这样和睦温馨的婚姻中，朱中楣多少保有了昔日少女的灵俏可爱。她有时还会在诗词中跟李元鼎开玩笑，情趣盎然。比如说这首《春日梅君过素臣湖西桃花庄字来忘归诗以调之》：

春色宜人晓梦长，闻君顷刻到湖庄。

桃源纵好难留棹，只恐刘郎妒阮郎。

在这首诗中，朱中楣俏皮地打趣丈夫沉迷美景而迟迟不归，是不是因为其他美人的缘故，还用了刘晨、阮肇的典故。《太平御览》记载，汉明帝永平五年(62)，会稽郡剡县刘晨、阮肇共入天台山采药，遇到两位美丽仙女，被邀至家中，并结为夫妇，半年后思家方归。阮郎后来借指婚姻之外与丽人结缘之男子。

李元鼎见到妻子诗文，忍俊不禁，写诗回应道，自己只是沉迷于春色晴光：

高柳风吹翠带长，澹烟轻语媚湖庄。

等闲为见桃红色，烂熳晴光醉二郎。

在那个时代，他们也是一对神仙眷侣，被世人交口称赞。李元鼎将朱中楣视为知己，在《赠内》中写下"闺中吾亦友，旧隐订行藏"之句。王士祯称："司马风神玉立，望之如神仙中人，又得远山夫人伉俪倡酬，《文江》一编，不减金石千卷，故为拈冠倚声，并传钱蒙叟杜少君两序，以作千秋佳话云。"

1640年，李元鼎被起用候补光禄寺卿，朱中楣随夫前往京城。1643年夏李元鼎被推为光禄卿，但他还未来得及赴任，明朝就灭亡了。不久，清兵入关，清世祖定都北京，改元顺治元年，并搜罗遗老，特起李元鼎为太仆寺卿，乙酉年(1645)擢兵部右侍郎，从此开始新一轮的宦海沉浮。

当李元鼎在前朝奔波，面对仕途险恶之时，朱中楣便以其出众的才识与温柔的秉性成为他最好的精神支柱。她除了是出色的妻子，同时也是出色的母亲。她培养了一个聪明伶俐的儿子李振裕。她教导儿子"不以爱驰教类"，每天坚持课子，检查功课，督促李振裕认真读书。

"课子"也是朱中楣李元鼎夫妻二人诗词中常见的情景，如"融和天气正芳菲，芸窗课子差足乐""长日涤甍醒客梦，清宵添篆课儿书""新剪正熟思君赏，独坐深宵且课儿""闲来训子惜三余，啜茗论文总自如"。朱中楣有一首词《卜算子》便是记录与儿子下棋的趣事：

褥子学弹棋，出将先驰马。却把输赢仔细论，毕竟吾输也。
曼卿嬉是石，学士云非瓦。生子须如李亚儿，为绍诗书也。

词前有小序补充道："儿裕幼时，偶购小棋，与子对局，云以马敌将，因戏拈此调，用幼安韵。"

朱中楣对儿子悉心教导，希望儿子能走仕进之路，为百姓多谋福利。后来李振裕19岁参加乡试就名列前茅，28岁即成进士，由庶吉士历官刑、工、户、礼四部尚书。李振裕为官在任期间，体恤民情，淡泊名利，成为一代名臣。

到了晚年，夫妇二人携手归隐乡里，并在府内修筑小园，尽情享受清净安乐的日子。因为情投意合、相互敬重，使得朱中楣的人生过得圆满无憾。也正因为鹣鲽情深，也使得朱中楣无法割舍对丈夫的爱。在李元鼎去世两年后，朱中楣也因为过度悲伤而去世，时年51岁。

清代文人给了朱中楣很高评价。熊文举《侣鸥阁近集》说道："豫章有远山夫人者，淑德著于闺帏，诗词溢于海宇。盖班婕好、左贵嫔、谢道韫以上之才。而迩来名媛卿阀之所仅见者也。"熊文举认为朱中楣在文学上的才华不仅是同时代女性文人中的佼佼者，而且与"班婕好、左贵嫔、谢道韫"相比，才华也在她们之上。周铭《林下词选》说道："近日陈伯玑、李云田遴选《国雅》海内闺秀，仅得二人，惟夫人与黄皆令而已。"

朱中楣共有6部作品传世，著有《随草》《随草诗余》《镜阁新声》《随草续编》《亦园嗣响》《倡和初集》。朱中楣的作品主要保存在其夫李元鼎《石园全集》之中。

犹忆少年时，娇痴睡起迟

叶宏缃

叶宏缃，字晓庵，号书城，江苏昆山人，清代女词人。她的父亲是进士出身，因此她从小就受到了良好的书香熏陶。她博通经史，能诗善画，她的画清美细腻，小楷写得神妙秀气。

《全清词》中收录了她的词作 122 首。她的词多关注四季流传、花开花谢，娴雅幽美，蕴有画意，是典型的闺秀之作。

闺中之时，明慧多才的叶宏缃备受父母宠爱，少女时代是她一生中最惬意无忧的时光。她曾写过一首《浣溪沙·初夏》，写的便是闺中少女的清雅闲愁：

开遍蔷薇小院香，乍晴梅雨蝶飞忙。一溪新碧浸鸳鸯。

古帖午临欹枕倦，瑶琴晚奏短襟凉。倚栏远望又斜阳。

蔷薇小院，梅雨蝶飞，碧水鸳鸯，种种意象勾勒出一个恬静宁然的闺中环境。而少女叶宏缃，便午临古帖，晚奏瑶琴，倚栏远望。此时，她只有少女的淡淡闲愁，生活优雅温静，书香袅袅。

后来，她写下了《唐多令·追忆》：

犹忆少年时，娇痴睡起迟。慢妆成，日转花枝。那管养娘催绣急，寻女伴，去闲嬉。

命薄数偏奇，欢娱忽变悲。对孤灯，苦雨凄甚。耐尽半生凉热态，空赢得，鬓如丝。

她回想起少女时代，在父母身边撒娇撒痴，可以睡到日上三竿，可以抛下针线女红，尽情地和女伴玩耍。然而出嫁之后，却历经苦楚，“欢娱忽变悲”，耐尽半生寒凉。那时快乐单纯的她，怎想到后来要面对孤灯苦雨的悲凉琐碎！

这首词跟她婚后的遭遇密切相关。叶宏缃嫁给了嘉定诸生阚宗宽。诸生指的是古代经考试录取而进入中央、府、州、县各级学校，包括太学学习的生员。阚宗宽也是个读书人，但文才远远不及妻子，又兼身体孱弱。叶宏缃 29 岁那年，阚宗宽便去世了。受当时的环境影响，叶宏缃立志守节，不再改嫁。

她孤身一人艰难度日，独立抚养两个孩子。闲暇时种花养草、写诗作画聊以自慰。

她种有一盆草兰，每到春天，草兰新花最茂，颜色洁白，香气清雅。有一年春天，草兰的花比往年生得更多，香气也更浓郁，到了元宵节那天，草兰有一条梗上连生四朵花儿，莹洁可爱。叶宏缃心中欢愉，便题写了一首《解花语·草兰》：

柳腰斜舞，杏靥含娇，明媚春光好。绿窗清悄。香径软百卉迎花如笑。丛兰独巧，忽并蒂四花连绕。想从来一本根苗，两样繁英少。

陋室俨如蓬岛，似仙娥群聚，弄晴春晓。花容窈窕。湘帘下、素影参差回抱。香魂缥缈。又浑是一群娇鸟。趁东风齐上琼枝，带绿烟轻袅。

在词前她作小引："盆中草兰，植之盖有年矣，每到春时，花发最茂，色洁香清，以供和窗雅玩，今岁花发倍常，香亦更甚，不意于元宵日丛忽生一梗，连缀四花，幻耶、瑞耶，赋此以记。"

幸好有这些草木花、诗书画陪伴了她漫长的岁月，直到她 83 岁安然离世。

是君心绪太无聊，种了芭蕉，又怨芭蕉

关锳

关锳，字秋芙，钱塘（今杭州市）人，清代著名女词人，自号妙妙道人。道光三年（1823），关锳出生于一位秀才之家。关父饱读诗书，且有一帮文人雅士作为挚友。关锳从小聪明灵秀，曾经学书于魏滋伯，学画于杨渚白，学琴于李玉峰，博采众家之长，于是琴棋书画，无所不能。

关锳当时与吴藻齐名，被称为浙江词派闺阁词家之首。她曾著有《三十六芙蓉诗存》及《梦影楼词》行世，皆情趣盎然，清丽可诵。她对自己的才华也甚为自负。她和当时的闺秀作家也多有来往，曾经有小词送沈善宝入都云：

泪雨飘愁，酒潮流梦，惜花人又长征。见说兰桡，前头已泊旗亭。垂杨原是伤心树，怎怪它踠地青青，向天涯一样缠绵，各自飘零。

开筵且莫频催酒，便一杯饮了，愁极还醒。且住春帆，听侬细数邮程。压船烟柳乌篷重，到江南应近清明。怕红窗，风雨潇潇，一路须听。

况周颐在《玉栖述雅》中赞她“情文关生，渐饶烟水迷离之致”。

成人之后，关锳嫁给了她的姨表兄蒋坦。蒋坦，字平伯，号蔼卿，精通翰墨。关、蒋两家住得很近，关锳与蒋坦青梅竹马，两小无猜，长大后又互相倾慕。因此婚后，蒋坦对关锳十分疼爱。

蒋坦后来著有《秋灯琐忆》一卷，记录他们夫妻生活点点滴滴的美好与温馨之处。在他笔下，关锳灵俏可人，才华出众，是每位君子所梦想的淑女模样。这本书文辞优美，感情真挚，当时传诵一时。徐世昌《晚晴蓉诗汇》曰：“后秋芙死，蔼卿为制《秋灯琐忆》，皆幽闺遗事。”关锳被林语堂形容是中国古代最可爱的两个女性之一，另一个是《浮生六记》里沈复之妻芸娘。

蒋家虽不算富裕，但也有些房产家底，衣食不愁。蒋坦结婚时已经考取了秀才，在准备参加乡试，每日勤奋用功，关锳自然是红袖添香。两人此时更无烦恼，生活得很惬意，现世安稳，岁月静好。

蒋坦有时出游，牵挂家中妻子，都会很快回来。他的陪伴给了关锳极大的安慰。她曾作一首《菩萨蛮·喜蔼卿自毗陵归》，清丽活泼，满是甜蜜之意：

小楼昨夜东风骤，一春花事阑珊够。斜月绿窗低，梦回闻马嘶。

梨花明似雪。含笑开门说：“昨夜结灯花，今朝真到家！”

关锳心思巧妙，很有生活情趣。她曾经把戎葵叶捣成汁，再掺杂一些云母粉，用来拖染诗笺，把诗笺染成蔚绿之色。她就在这样美丽的诗笺上为蒋坦抄录《西湖百咏》，字迹秀媚可爱。

蒋坦曾为关锳做了一件画满梅花的衣裳。她穿上它，满身都是盛开的梅花，望上去好像是绿萼仙子一样翩然于尘世之间。每当暮春的时候，她翠袖凭栏，鬓边的头饰蝴蝶栩栩如生，仿佛不知道春天已经逝去了。有一天夜里，风雨交加，桃花被风雨所摧，花瓣飘落在池塘中。关锳拾起花瓣摆成字，作成《谒金门》一首："春过半，花合也如春短。一夜落红吹渐满，风狂春不管。""春"字还没摆好，一阵东风吹来，把花瓣吹乱，飘散满地，关锳怅然不已。蒋坦笑说："这真是个'风狂春不管'了。"夫妻二人相视一笑。

关锳在春天所种下的芭蕉，到了秋天已叶大成阴。秋来雨风滴沥，枕上闻之，生出无限惆怅。有一天，蒋坦便在芭蕉叶上题写道："是谁多事种芭蕉，早也潇潇，晚也潇潇。"到了第二天，蒋坦便看见芭蕉叶上续书数行云："是君心绪太无聊，种了芭蕉，又怨芭蕉。"字迹清秀柔媚，正是关锳手笔。蒋坦不由得笑了。

关锳还曾写过一首《卜算子·示蔼卿》，也是嘲笑她这个生性细腻丈夫的：

难得望春来，君又留难住。到得君归没杏花，却又愁春去。

春去肯重来，花落还开否。到得明年有杏花，又要听春雨。

虎跑泉上有好几棵桂花树，偃伏在石头上，开花时桂花轻坠于衣，花香非常怡人。蒋坦素有"花癖"的称号，于是桂花开时，便与关锳在花下品茶。关锳折了一枝桂花插在鬓间，额上的头发被树枝拂乱，蒋坦便蘸上泉水为她抹平。临走时两人折了好几枝桂花，插在车背上，带到城里去，让城里人也知道新秋的消息。

关锳也爱花，曾见在斜阳下娇艳无比的秋海棠，想采来戴在头发上，可是又一想，秋海棠又名断肠花，于是不敢插了。她写下一首饶有情趣的小词《卜算子·秋海棠》记录这件事儿：

一雨暖凉生，花满斜阳外。休说啼痕几点儿，也有风吹散。
行近粉墙阴，挼手和烟采。偏又花名唤断肠，不敢将伊戴。

婚后的第四年，他们夫妻俩从蒋家的大家庭中分出别居，住在西湖畔一个小院中。就这样，蒋坦、关锳夫妇俩在西湖畔居住了10年，蒋家每月给蒋坦几十两银子，作为他们的家用。蒋坦是好客之人，喜欢招待志同道合的朋友，把酒论诗。对丈夫的朋友，关锳从不怠慢，即使家中囊空如洗，也会设法典当一些衣服来沽酒买菜。两人因此经常落到匮乏的境地。他们连夏天的葛衣、冬天的裘皮都拿出来当，箱子里常年空空如也。

有一年秋天，朋友邀蒋坦同游月湖，夜深后蒋坦被风寒所侵，第二天又到吴山笙鹤楼聚会，醉酒后受不住风寒，回来后发烧几乎丧命，后来才慢慢恢复。第二年蒋坦又发了背疽，接着又发疟疾，正好临近秋试，他抱病登车赶考，还没到考场，就已经神志不清了。仆从把他抬了回来，过了一个月病才好转。后来蒋坦又患恶性痢疾，在床上躺了3个月，疼痛难忍。蒋坦在6年之中，3次患病，关锳总是尽心服侍，衣不解带。她本来体质娇弱，禁不起劳累，所以他病了3场，她也病了3场。

关锳后来生了重病，住在娘家60余日。能够日夜不停歇地照顾她的，只有蒋坦和她的妹妹二人。关锳平生最重情感，病中尤其为情所缚。蒋坦一回来，她总是派人把他喊去。他去了之后，她只是痴望着他，却不说一句话。她的妹妹问她为什么这样，她说自己已经命若悬丝，恐怕在仓促之间不能和丈夫诀别，他来了，她就可以放心而去了。蒋坦闻之，肝肠寸断。

关锳患肺病10年，常感叹："人生百年，梦寐居半，愁病居半，襁褓垂老之日又居半，所仅存者，十一二耳；况我辈蒲柳之质，犹未必百年者乎？”在婚前她便已经学道，婚后对道教中“升仙”之事仍然抱着天真的憧憬与向往，她希望能摆脱这被疾病和贫困折磨着的生活。她曾写下一首《金缕曲·答沈湘涛》：

梦想今三载。忽传来、芙蓉笺纸，新词十赉。一样红颜漂泊感，盐米光阴无奈。好珍重、玉台诗派。明月绛纱春风里，看金钗、尽下门生拜。浮大白，为君快。

相逢各有因缘在。算人生、才能妨命，病愁何怪。只惜聪明长自误，身世漂流文海。况愁里、朱颜易改。不见花间双蝶舞，但多情、既是升仙碍。知我者，定能解。

在一个春日，关锳竟一眠不起，还来不及与丈夫告别，就病逝了。

恽珠

一朝脱却樊笼去，好向朝阳学凤飞

恽珠，字星联，一字珍浦，晚号蓉湖道人，自称毗陵女史，生于1771年，清代江苏武进（今常州市）人。她出生之时，祖母梦见一位老太太将一颗光华灿烂的明珠递了给她。祖母把这奇异之梦告知恽珠父母，因此，便给这新生的孩子取名为“珠”。

恽珠自己也曾写下《纪梦》一篇，说自己梦至一处，孤屿浮海，莲花在望，有人告诉她，原来她前身是红香岛妙莲菩萨前掌书侍女，偶谪人间，于是她便以“红香”作为馆名。

恽珠自幼聪慧颖敏，长于女红，针黹精妙，让同伴的女孩儿很是叹服。等她长大一点儿，便由她的外祖父“芝堂公”亲自指授经籍，族姑恽冰指点绘画，父亲亲自指导作诗，她天赋极高，在吟诗作词方面也很擅长，经常给自己的画题咏。徐世昌《晚晴簃诗汇》中说她：“工写生，芊绵蕴藉，用粉精纯，迎日光，花朵灿灼，作已辄题小诗。”于是恽珠在家族里便有“三绝”之称。

恽珠少年时除了深受诗书熏陶，也深受佛教、道家思想影响，她倾慕辽代女学者耶律常哥，耶律常哥“读书论道以终其身”，独身不嫁，恽珠沉迷书香，也有了“思读书论道以终其身”的想法，想一辈子远离那些红尘俗世，做一个逍遥自在的读书人和作诗人。不过，出乎她意料的是，她的姻缘却早早来到了。

恽珠的父亲任直隶肥乡典史时，由于官眷之间常有往来，她便偶然见到了泰安知府满洲贵族完颜廷鏴的母亲索绰罗氏。索绰罗氏见恽珠聪明伶俐，又生得灵秀可爱，心中欢喜，于是席间出《锦鸡》一题考她作诗。恽珠更不思索，提笔一挥而就：

闲对清波照彩衣，遍身金锦世应稀。
一朝脱却樊笼去，好向朝阳学凤飞。

小小女孩儿顷刻之间便能写成如此好诗，且颇有气魄，索绰罗氏赞叹不已，于是三次派人议婚，希望能把恽珠许配给自己的儿子。恽珠家中对完颜廷鏴也还满意，恽珠少女时的独身不嫁、沉浸书海的想法，在家人看来自然是荒诞不经、幼稚可笑的。于是18岁那年，恽珠按照父母心愿，与完颜廷鏴完婚，是为满汉联姻。婚后生了三子一女。

完颜廷鏴对妻子疼爱敬重，恽珠婚后并未受到约束，反而因为婚姻的美满与爱情的甜蜜而诞生了更多的作品。她的诗词中有气势非凡、脱尽闺阁之气的作品，如这首《老松》：

万古郁葱茏，何人种此松。
苍涛声一片，圆盖影千重。
鹤骨擎丹壁，虬枝秀碧峰。

只愁春今节，雷雨化为龙。

嫁人之后，恽珠成为了她少女时代时所不屑成为的贤妻良母，教子以严且正。在其三子中，恽珠对长子麟庆期望最高，倾注心血最多。同道中人均悉其子麟庆“学皆由母夫人教也”。她对儿子的交友与阅读范围均有严格规定：“绝燕游，戒奢傲，不许杂览‘不经之书’，择师择交，防范无余力。”

麟庆19岁联捷成进士时，恽珠以诗勖之：

乍见泥金喜复惊，祖宗慈荫汝身荣。
功名虽并春风发，心性须如秋水平。
处世毋忘修德业，立身慎莫坠家声。
言中告戒休轻忽，持此他年事圣明。

后来完颜麟庆既是治河专家，又是文学家，且为嘉道时代的名臣，官至江南河道总督。著有《黄运河口古今图说》《河工器具图说》、诗集《凝香室诗集》、考古游记名著《鸿雪因缘图记》。这与母亲的悉心教导是分不开的。

恽珠育子成才的事迹不仅使“母仪阃范世争夸”，还被载入史册：“廷鏴为泰安知府，卒官。珠抚诸子麟庆、麟昌、麟书，教之严。持家政，肃而恕。”因为麟庆的显赫功业，恽珠被诰封为一品太夫人。

恽珠虽然未能按她天真的少女心愿独身读书终身，但嫁人生子之后，她依然醉心诗书，视诗词为生命。她不仅重视自己的作品，也希望当时的闺秀之作流传后世。少女时代，恽珠有便感于“闺中传作较鲜”（《正始集·弁言》），遂开始留心抄录“名媛各集”。婚后，虽然操持家务，相夫教子，但恽珠仍不忘初心，断断续续地经营此事。其间，也不断有“闺秀诸同调”投赠其作，以文会友。另有其他“文人采访见寄”，相助其事。

花费数十年，恽珠终于编选出版了清代闺秀诗歌总集《国朝闺秀正始集》及其《续集》，并辑录了《兰闺宝录》，成为清代最重要的闺秀文学文献家。

《国朝闺秀正始集》主要选录了清初至道光年间女性诗人的创作，所选诗人所涉地域颇为广泛，作品数量众多，时间跨度近二百年，且基本保存了所选诗人的生平家世，对于后人了解清代女性诗歌创作面貌，具有非常重要的文献价值和文学意义。《缀珍录——十八世纪及其前后的中国妇女》的作者曼素恩曾道：“本书中大部分证据都取自她的这部诗集（指恽珠的《正始集》），经她仔细选择的妇女的声音告诉了我们那个时代的故事。”

恽珠在《国朝闺秀正始集》中明言，此书先有三子插手其间，后有儿媳、孙女相助。“丙戌冬，检旧箧所存名媛诗，命三子广为搜集，亲加选定，三历寒暑，始得成书。”由此可知，《国朝闺秀正始集》稿源主要有旧箧所存与三子以及儿媳、孙女的收集，麟庆所作贡献最大。麟庆在历宦皖、豫、黔、鄂的过程中，奉母命“访求闺中佳作，采辑十五载”，其幕客们得知此事后，纷纷投赠自家女眷之作。同时，麟庆交游遍天下，友人们闻讯后也相继出示家中闺秀诗作。嘉庆丙戌（1826）冬，恽珠终于完成了清代闺秀诗作的搜集工作，“计得国朝闺秀诗三千余首”。

道光十三年（1833）夏，恽珠逝于汴梁官舍。临终前，她将自己未能完成的续编《正始集》的事业托付给了她的孙女妙莲保，并说若能完成此事，便死而无憾。恽珠逝后，讣音散播迟滞，故四方仍然有闺秀把自己的诗词作品源源不断地送过来，最终促成了《续集》的最终完成。

《国朝闺秀正始集》严格限定编选对象的社会地位，强调其身份的纯洁与品性的贤淑："是集所选以性情贞淑、音律和雅为最。风格之高，尚其余事。至女冠、缁尼，不乏能诗之人，殊不足以当闺秀，概置不录。……青楼失行妇人，每多风云月露之作，前人诸选，津津乐道，兹集不录。"恽珠在书中也提出了自己的女性诗学观，充分肯定女子作诗的价值与意义："昔孔子删《诗》，不废闺房之作。后世乡先生每谓妇人女子职司酒浆、缝纴而已，不知《周礼》九嫔掌妇学之法，妇德之下，继以妇言。言固非辞章之谓，要不离乎辞章者近是。则女子学诗，庸何伤乎？"

恽珠除了工于诗词，还知晓医理，长于书画。另著有诗集《红香馆诗草》，医书《鹤背青囊》等，绘有《百花手卷》《金鱼紫绶图》《锦灰堆图》《多喜图》等。又助刻《法苑珠林》，刊《李二曲全集》《四书反身录》《孙夏峰集》《恽逊庵语录》等书。

庄盘珠

非旧，非旧，不是伤春病酒

庄盘珠，字莲佩，阳湖（属今常州市）人，生于清代乾隆年间。她的名字由来，和恽珠有些类似。她的母亲怀孕时曾梦见一枚光芒闪烁的明珠投入了她的腹中，醒来后不久便生了她。因此，小婴儿便取名盘珠。

庄盘珠出身名门，为阳湖庄有钧之女。庄家世代书香，该家族自宋南渡时自丹徒徙金坛，明永乐中始定居武进，仅清代就出了 90 名举人、29 位进士，有 11 人任职于翰林院。明清两代江浙女学极盛，庄氏家族才女辈出，清代就出过 22 位女诗人。胡文楷在《历代妇女著作考》中列出了毗陵闺秀的著作，包括庄盘珠撰《秋水轩集》、庄玉嘉撰《联香集》、庄如珠撰《凝阵楼稿》、庄德芬撰《晚翠轩诗遗稿》等二十余种。

在庄家这些闺秀之中，庄盘珠尤其出众。王蕴章评价："以词著，有清中叶以后，闺阁依声，不得不首推苏之庄，浙之吴为眉目。"并评价庄盘珠"兼金双玉，美不胜收"。

庄盘珠幼时便姿性明慧，跟随其父学习“汉唐诸家诗”，跟随兄长颖增学习“汉魏六朝唐人诗”，并模仿作诗，如初荷出水，清丽可读。除此之外，她也长于书画，还善于在扇面作画，扇面画精巧可爱。

盘珠年龄稍长，则诗词益工。她所过的也是《红楼梦》中那种书香闺秀的生活。这些都反映在了她的诗词中。她所作的《如梦令·初夏》云：

帘外青梅如豆，帘底燕闲人瘦。才得展双蛾，又被晚风吹皱。非旧，非旧，不是伤春病酒。

《浣溪沙·初夏》云：

睡起红留枕上纹，病余绿减镜中云。画帘窣地又斜曛。
倦蝶分明寻断梦，浮萍容易悟前因。无聊天气奈何人。

这些诗词都可见娇憨少女优雅宁静的闺中岁月。

庄盘珠在词作中喜欢用“影”字，如《醉花阴》云：“荡破斜阳，影落风筝影。”《满宫花》云：“犬吠一帘花影。”《卜算子》云：“一路垂杨到画桥，过尽春衫影。”“影”字的运用让她的词在秀雅中又多了一份迷离朦胧之感，运用之妙似不输于宋代有“张三影”之称的著名词人张先。

庄盘珠的作品之中，佳词丽句极多，仿佛明珠滚动，璀璨可爱。如“霜欺残夜月，虫碎一庭秋”之句，“残”“碎”字，构想巧妙；“山容怜雨后，秋色爱霜前”之“怜”“爱”，又极觉生动；“嫩柳似波春欲动，薄烟如雾月初生”则更是灵气逼人。她时常在诗词中透露她与诗书为伍的雅致生活，如“凉生池馆因秋近，润遍琴书为雨多”“叶声满院秋扶病，花影半栏人课诗”。她也慨叹自己的病体：“霜华欲下秋虫觉，节序将来病骨知。”还没有到 15 岁，庄盘珠的作品便有厚厚一叠，可以编成集子了。她的诗词被很多人，如同邑闺秀伍宗仪等推崇并传诵。

庄盘珠经常和姐妹们一起吟诗作词。而庄盘珠的姐妹，如大姐庄如珠等，也是出色才女，工吟咏，善吹箫，姐妹间也常有唱和。在盘珠《秋水轩集》中，与如珠唱和的诗词共有 5 首，如这首《小斋独坐有怀大姊》：

隔院犹啼八月莺，无端唤起旧游情。
春宵对月成三影，夜雨论诗到五更。
秦女箫闲花未落，麻姑船去水方生。
归期无定秋将老，樽酒何时得共倾。

庄盘珠的诗词也受教于兄长庄颖增，她与兄长的唱和颇多，例如《踏莎行·大兄寄京口怀古词》：

白日西驰。大江东注，朝朝暮暮相逢处。其旁坐老有青山，不愁不笑看今古。

渡口帆樯。波心钟鼓，后人又逐前人去。莫将词句掷寒涛，多情恐惹蛟龙怒。

成人后，庄盘珠嫁给了同样是名门之后的吴轼。吴轼与盘珠不仅同邑，更是中表之亲。吴氏是毗陵大族，“明季科甲连绵，簪缨络绎”。因为婆婆去世得早 ，公公又在远方做官，因此婚后，庄盘珠仍居住于父母家中。

庄盘珠早有文名，但吴轼的名气大大不如妻子，因此当时对庄盘珠和吴轼的结合多有婚姻非匹的传言，但实际上小夫妻的感情非常融洽，吴轼深敬妻子。丁绍仪《听秋声馆词话》中也评价他们“门无尘杂，静好相庄”。庄盘珠为吴轼生儿育女，兼操家政，吟诗稍辄，时填小词，亦新隽可爱。她有一首写给丈夫的《台城路・寄外》，含蓄而缠绵：

昨宵猜着今宵雨，今宵月华翻皎。露白虫惊，风疏雁响，是我关心偏早。为谁懊恼，问消瘦缘由，便天难晓。有甚方儿，可将侬病竟医好。

和衣连闷睡倒，正朦胧着枕，忽又惊觉。池闹残荷，门喧剩叶，尚有秋声多少。难禁自笑，怎刚怕秋来，便悲秋老。病里年光，也抛人去了。

吴轼常年奔波在外，庄盘珠希望丈夫能和自己长相厮守，而不一定非得谋取功名，她作下一首《即事》抒写自己的心意：

几处疏疏动暮愁，乱烟将暝上帘钩。疏花力弱难经雨，断雁声悲易感秋。

续命有方闻石笈，求仙无路到瀛洲。荣根滋味乡园好，莫为浮名更远游。

虽然生活算得上是颇为幸福，但是在庄盘珠的作品中，总是隐隐藏着一种来自心灵深处的生命隐痛。她的诗词幽清冷寂，哀感独绝，传情悱恻，又不失浪漫主义色彩，如这首《夜坐》：

庭树经霜绿痕浅，芰荷衣薄风如翦。

幽虫催响近房栊，暝色已上窗灯红。

浮云散尽天凝碧，露下寒空一城白。
碧萝门巷急秋碪，敲落楼头半轮月。
贪凉坐尽漏迢迢，听彻邻家碧玉箫。
唤婢起来添宝兽，紫烟篆冷水沈消。

诗中之“绿痕浅”“窗灯红”“天凝碧”“一城白”等处想象奇特，设色冷艳，的确很有“诗鬼”李贺之风。

虽然自己生活宁静，但是庄盘珠也十分关心民生疾苦，怜悯那些生活不幸的人们，曾作《养蚕词》：

春初桑芽短，春尽桑枝碧。
人家桑里门昼关，旧例年年忌生客。
山鸠乱鸣风雨多，野塘浅水生微波。
三眠四眠蚕待簇，但愿十日天温和。
少妇燃灯夜桐守，帕里青丝不梳久。
盈筐叶尽天苦寒，饥蚕作茧愁难厚。

大约是对生命的悲哀和喜悦都过于敏感，她的词作中总是愁绪万千，如《南柯子》：

豆蔻风难定，梧桐雨易稠。两般滋味两心头，因甚残春同病到残秋。

强把前尘忆，难将去日留。一尊也拟共清游，又怕酒阑时候转添愁。

她生活其实算得上圆满如意，父母疼爱，夫妻恩爱，膝下又有子女，究竟为何如此愁肠百结，也是一个谜了。但长期的情绪低落消沉，对她的身体造成了很大影响，她身体每况如下，后来终于一病不起。这年清明节，她提笔填了一首《柳梢青》：

风声鸟声。者番病起，不似前春。针又慵拈，睡还难着，剩个愁人。隔帘几日浓阴。恰放出些儿嫩晴。薄命桃花，多情杨柳，依旧清明。

父亲庄关和读到这首词的时候，只觉凄清悲凉，有不祥之感，于是不禁关心地询问女儿。盘珠回答说："作这首词是因为伤心弟弟的逝去（伤幼弟耳）。"因为她有个弟弟在前一年夭折了。

而就在这一年的秋天，盘珠也因肺病离开人世。临终前她对家人说，她看见一群瑶宫仙子手挽着手在空中迎接她，她升入天宫后，便不用再受苦了。施淑仪《冰魂阁野乘》中详细记载了她去世时的情景。

庄盘珠去世时才25岁。她死后不久，和她手足情深的姐姐庄如珠也去世了，临死前将妹妹庄盘珠所画的扇面带在身边作为殉葬之物。庄如珠去世的时候也只有27岁。

庄盘珠著有《秋水轩词》《紫薇轩集》《莲佩诗草》等。她死后，吴轼始终不能忘怀妻子，在庄盘珠去世近30年后，吴轼还手录盘珠词28首交给弟子费瑄付印出版，是为《秋水轩词》的最早刻本，即清道光中的费氏刻本。庄盘珠的诗词也因此得以传世。

张允滋

流光惊逝水，谁为惜华年

张允滋，字滋兰，号清溪，别号桃花仙子，吴门（今江苏苏州）人。她出身于书香门第，家中九世皆有诗文传世。她的曾祖父为匠门先生张大受。张大受是康熙四十八年（1709）进士，他所作的诗文超脱隽永，骈体更是脍炙人口。

因为张大受居住在苏州匠门，所以人皆称之为“匠门先生”。张允滋启蒙甚早，幼禀家训，娴礼习诗，常手不释卷，挑灯夜读，长大后成为一代才女，被尊称“匠门女史”。

父母去世后，在舅父主持下，张允滋嫁给了任兆麟。任兆麟是当时的著名文人。清代江南当时有两大女性创作群体，一是以任兆麟为师的清溪吟社，二是以袁枚为师的随园女弟子。而作为清溪吟社老师的任兆麟，自然是具有十分深厚的文学修养。

张允滋嫁给任兆麟后，经常和丈夫一起切磋诗文，两人情投意合，曾经有多首唱和之诗，不期然又是一对神仙眷侣。比如张允滋和任兆麟的这首《步心斋桃花韵》：

帘外绯桃映日明，晚霞江上占春晴。
不知何处桃源路，棹去矶头碧水生。

任兆麟赞她“颇见清超之致”。

婚后忙于家事，张允滋作诗并不多，却要求极高，一旦所作不合己意，立刻焚烧弃之，因此虽存诗不多，但每首都是精挑细选之作。虽然其内容大都是闺阁之作，但是无香奁软媚习气，诗格清超，自道性情，很受时人称许。

女子本来就对于节令更替、四季变化更为敏感，她们也以此寄托自己的情感与心思，允滋的四季感悟诗就是如此。她春季有诗作《春日闲居》：

柴扉殊萧寂，闲坐碧窗虚。
好鸟知春意，深闺闻读书。
沿溪垂柳绿，细草积墙余。
试奏高山曲，悠然慰素居。

夏季她有诗作《初夏》：

四月清和景序新，春归非复艳阳辰。
含桃颗颗赧珠绽，早觉薰风入户头。

秋季她有诗作《对菊》：

对此床前月，闲庭黄菊英。
夜深花影静，凉露玉阶生。

冬季她有诗作《上元夜》：

当次元宵节，窗前月影圆。
流光惊逝水，谁为惜华年。

张允滋身旁不乏文人雅士，像老师徐映玉、丈夫任兆麟、文坛巨匠袁枚等，更有闺阁学友，所以在《潮声阁诗稿》中交友诗几乎占全部诗作的三分之二。她与才女江珠交好，作有《秋夜》：

一轮月色白云明，檐外萧萧竹叶声。
坐久觉来人静后，星移斗转逼残更。

江珠作《和清溪秋夜韵》：

静夜新寒重，虚窗落叶轻。
伴人愁不寐，残月乱蛩声。

二人于月夜对坐，静听落叶秋虫之声，心中一派空灵安然。作为诗友，两人读懂了对方的心境，获得了心灵的共鸣，是真正的知己。

清溪吟社以张允滋为首，诗社名字也是以她的号“清溪”为名。江珠称她为“金闺领袖”。江珠对张允滋的诗也推崇备至，曾说“惟清溪深悟诗旨，故言之温厚，有风有雅，出入三唐而不名一家。盖其清超之致能以无为为工,得诗之三昧矣",盛赞她的"清超之致"。近代邑人柳弃疾在《松陵女子诗征》序中写道:"自任心斋清溪结社,与随园相犄角,《潮生》一集,赫然为'吴中十子'盟主。"

张允滋之所以在"吴中十子"中有如此高的地位,一方面是由于自身诗才出众,另一方面,张允滋可以说是"吴中十子"的纽带,她是清溪吟社的组织者、参与者和审评人,其他九子与之都有或多或少的联系,如朱宗淑称允滋为表姨母,张芬为允滋从妹,允滋称周砚云为异姓姊妹等。张允滋的丈夫任兆麟更是直接促成了"吴中十子"的形成,任兆麟广招女弟子,"吴中十子"就是任兆麟众多女弟子中比较稳定的成员。

后来,任兆麟选录"清溪吟社"众人的诗稿,编辑成《吴中女士诗钞》。任兆麟曾道:"戊申(1788)冬,选录清溪诗稿竟,携质吾师竹汀钱先生……于吴中得九媛,各录一卷。"其后,任兆麟更将这9卷书陆续出版,于是"吴中十子"的诗词更是广为流传,天下闻名。

张允滋著《潮生阁诗稿》,现存诗41首、赋1篇。

江珠

东篱寒菊返魂香，色占中央冠众芳

江珠，字碧岑，号小维摩，清代江苏甘泉人，生活于清乾嘉年间。江珠自幼与兄弟江潘一同受业于余萧客门下，学习经史子学，工词赋，尤长骈体文，才笔雄健，通经史，并善舞剑，有名士风而无脂粉气，被称为“闺阁中之杰士”。并因文才与江潘并称“二江”。

江珠 18 岁时，嫁于同塾同学吾学海为妻。嫁人之后，江珠孝顺公婆，操持家务，温柔宽下，教导儿女，把一个大家庭打理得井井有条，家人无不夸赞。除此之外，江珠还设帐授徒，补贴家用。

虽然丈夫称不上豪富，也经常远游，无法经常陪伴她，但是江珠的婚姻生活还是很美满的，因为丈夫对她十分疼爱，而且懂得她的好。在《小维摩诗稿》的序中可以看出丈夫吾学海对江珠的欣赏，江珠的每一分付出都让他心存感激：“事姑舅以孝闻，处妯娌无间言，待藏获以恕道，遇事通达，能见其人。凡米盐井臼琐屑之务，载之井井有条理，暇则授予弟子潘用之及儿女一辈书，手批口讲，寒无间……”

婚后，丈夫也全力支持江珠的文学创作。因此，江珠得以继续自己的文学创作，并加入了清溪吟社。

清溪吟社是当时著名的江南女子诗社。“张青溪允滋、张紫繁芬、陆素窗瑛、李婉兮孅、席兰芝蕙文、朱翠娟宗淑、江碧岑珠、沈蕙孙纕、尤寄湘澹仙、沈皎如持玉”这十位江南闺秀才女结“清溪吟社”，号“吴中十子”，刊《吴中女士诗钞》，附以词赋及骈体文，艺林传诵。

江珠的诗学才华在清溪吟社中也是佼佼者，素有“吴中十子之目”之说。侯如芝题《小维摩诗稿》序中有云：“始知吴中有江碧岑，时称女博士。”张允滋《寄怀江碧岑沈蕙孙两妹》云：“羡煞苏台两博士，碧桃花下共吟诗。”对她盛赞不已，并呼之为“女博士”，足可见江珠的文学修养很高。

在“清溪吟社”中，江珠与众才女分韵题诗，或“一题分咏”，或“数题分咏”，或“即景联句”，所吟下的诗词，全部收入《吴中女士诗钞》中。

“清溪吟社”是她们的精神家园，充满着浓郁的书卷气，因此江珠在《青藜阁诗稿自叙》盛赞清溪吟社：“闻道香名，人人班、谢；传来丽句，字字徐、庾。薄颂椒文思未工，陋赋茗才华乏艳。于是香奁小社，拈险韵以联吟；花月深宵，劈蛮笺而酬酢。并翻五色之霞，奇才倒峡；互竞连珠之格，彩笔摩空。接瑶席而论文，宛似神仙之侣；树吟坛而劲敌，居然娘子之军。丽矣名篇！美哉盛事！……即使须眉高士，亦应低首皈依；纵有巾帼才人，定向下风拜倒。真闺闼之雕龙，裙笄之绣虎也。”

虽然婚姻生活相对美满，与众姐妹们相处融洽，但江珠本人却一直体弱多病。她希望通过佛学寻求解脱肉体的痛苦，于是参禅悟道，这些禅学理趣后来也浸润到了她的诗词创作中。她后来自号小维摩，以禅入诗。维摩是深谙佛学的祖师，而她所崇敬的唐代诗人王维也字维摩。江珠著有《青藜阁诗文》及《小维摩集》并传于世。

据统计,《小维摩集》共收入江珠诗 84 首,蕴含禅思雅趣的就有 47 首诗,并且其中有 18 首诗歌就直接涉及佛学禅语,最常用的意象是“菊”“梅”“鹤”“莲”等高洁和隐逸之物。其中江珠尤其喜爱“菊”这一意象,如《秋堂》中的“携樽试遍东篱,赢得幽香满布衣”,《与郑堂半客同咏蜡梅次郑堂》中的“东篱寒菊返魂香,色占中央冠众芳”,《病起》中的“东篱霜菊两三支,著雨阑珊强护持”等。

江珠的师友在写给她的诗词中也赞赏她的禅学修为。她的老师任兆麟在《题青黎阁诗稿二截句》中写道:“碧岑通禅理,尝偕余参无我相一句,萧斋唔对,便觉超然忘世,不图复得此境于吾尺木师入山后也。”江夏女史张净因在《题碧岑居士龙女抱经图照印赠中》写道:“已归净土接莲胎,更向尘寰见异才。读尽儒书千万卷,更从佛座授经来。”园圃女史钟若玉在《自题画梅赠碧岑》中云:“吟情漫道得禅机,聊借幽窗纵笔挥。”

江珠虽然体弱,但仍然手不释卷,到了深夜还舍不得放下手中的诗书,因而得了寒嗽疾,久成劳疾,终于在嘉庆甲子年(1804)病逝了。年仅 41 岁。

江珠病逝后,丈夫吾学海悲不自胜。为了纪念妻子,他亲自校雠江珠的诗作,并将之出版,使江珠的诗稿流传于世。他还特地请来当时的著名才女侯芝为《小维摩集》做序,侯芝感慨:“今夫人仙逝而芝迟迟者,或由于菲才未招造物之忌耶。”她的兄弟江藩在序中更是盛赞妹妹江珠:“出就家塾,日诵千言。邃于七经,兼通三史。八综九章,辩中西之术;五行三式,究壬遁之奇。乃不栉之通儒,扫眉之奇士也。”

丈夫吾学海在后序中说:“碧岑平时每以诗歌非妇女事,常缄默寡所吟咏,惟有介余及郑堂索句者不能谢绝。故卷中酬应之作居多。余恐其同久散佚,今将付诸梓人,是岂碧岑本心哉?”可见江珠因尊女德而寡所吟咏，今观其集中，也确实多为应酬之作，诚为可惜。

各种诗选中，江珠作品被选用最多的是《落花》一首：

促欢且覆掌中杯，浪蕊飘花瞬作堆。
满院绿荫人赋别，一帘红雨燕归来。
唾成绀碧衣初染，泣化琼瑰梦不回。
费尽春工殊莫辨，为谁零落为谁开？

响遇碧云冷，灯含永夜清

袁机

袁机为世称“袁家三妹”之一，是当时文坛领袖之一、随园老人袁枚的三妹，其另外两妹是四妹袁杼、堂妹袁棠，三人都是才女，“而皆多坎坷，少福泽”（《随园诗话》卷十），袁机尤其不幸。

袁机堂弟袁树于乾隆二十四年（1759）所作的《哭素文三姊》诗、序如下：“姊讳机，字素文，别号青琳居士，存斋兄胞妹也。静好渊雅，有不栉进士之目。归如皋高氏，遇人不淑，抑郁终身。合族齐悲，众口同叹。先是姊病时，余随兄俱至维扬，闻信奔归，姊已气绝。殓后三日，余又匆匆渡江，客旅以墨和泪，制哀辞四章。”

袁机，字素文，康熙五十九年（1720）生在浙江钱塘（今杭州市），父亲在湖南、云南、广东、福建等地为地方官做幕僚。母亲章夫人也通文墨，闲暇爱读唐诗，但大部分时间忙于家务，做针线补贴家用。家境虽不富裕，但是母亲依然请教师指导袁机哥哥袁枚读书。袁枚后来成为著名的文学家。

袁机在这样的家庭环境里，耳濡目染，自幼喜好读书，有时还随袁枚听老师讲课，学到很多历史知识，练习写诗。

乾隆七年(1742)，已经中了进士并被被授予翰林院庶吉士的袁枚被外调到江苏沭阳县当知县，家庭经济终于好转了。袁机也跟着到了江苏，住在沭阳县衙署。这时她已经22岁了，在那个普遍十五六岁结婚的年代已经是老姑娘了。

袁机其实很早就定亲了。袁机周岁的时候，袁父给她订了一门亲事。之前袁父在如皋人、衡阳令高清处做幕宾，1723年高清死，有亏空，妻孥下狱，其弟高八解救不成，业已离开衡阳的袁父赶去救出原东家家属。高八为感谢他的情义，便提出结为儿女亲家。袁父同意了。只是令袁家和高家没有想到的是，这次亲事却搭进了袁机一生的幸福。

高家的儿子叫绎祖，长大以后相貌不扬，还性情暴躁狠毒，不走正道，高八气得把他打得死去活来，但是他仍然屡教不改。高八预感到如果按约定成了亲，会耽误袁机一生，对不住袁家，于是他对外伪称儿子有治不好的病，希望袁家能同意退亲。

袁父知道高家儿子的情况之后，也考虑退婚。但袁机读多了那些儒家典籍以及女戒条则，认为女子只能从一而终，表示：夫婿有“疾，我字(侍)之；死，我守之”。她同时拿着金锁啼哭不已并绝食，她的父母无可奈何。

高家知道之后，又派人前来跟袁机详细说明高绎祖的实情，希望袁机打消念头，但她“闻如不闻”，坚持不退亲。于是，两家父母只得都怀着无限担忧同意了。

1744年，袁机从沭阳到如皋成了亲，时年25岁。袁机婚嫁时对婚后生活已经有了心理准备，她希望自己能做一个贤惠妻子、孝顺媳妇。她后来在小妹袁棠出嫁扬州时赠诗说：

此去蘋蘩慎所司，西湖花鸟莫相思。
同怀姊妹怜卿小，珍重初离膝下时。

清风林下说才华，久有诗名重谢家。
学罢杭州大梳裹，又弯新髻插琼花。

袁机心疼妹妹，眷念不舍，但同时谆谆告诫她要尽到为人妻的责任，要学会婆家扬州的生活习惯。她同时也是这么要求自己的。

嫁到高家之后，她为人温柔贤惠，深得高家人尤其是婆婆的喜爱。但高绎祖却视她如蝼蚁，残酷地虐待她，她则逆来顺受，安然受之。

高绎祖不愿意见她做针线，她就停止女红；高绎祖不要她写诗词，并把她的作品毁掉，她则不再吟哦；高绎祖赌博，拿她的嫁奁作赌资，输光了，就对她拳打脚踢。婆婆实在看不过眼，前来阻止，高绎祖竟把母亲的牙齿打折了。后来高绎祖赌博输光了钱，还要把她卖了抵账。一逼再逼，高绎祖终于把袁机逼入了绝境。

袁机只得一面逃到尼姑庵，一面请人报告娘家。她的父亲听闻此事，马上赶到如皋打官司，判决二人离异，把袁机领回杭州老家。那时他们结婚才 4 年，袁机尚不满 30 岁，已经生了两个女儿。

袁机的两个女儿之中，其中有一个女儿是哑巴，名字叫做阿印，袁机把阿印带在身边，想方设法教她识字、绘画，以便她能表达自己的意思，与他人交流，生活下去。但是阿印却早夭了。另一个女儿由袁枚抚养，长大后出嫁金陵章氏。

婚姻不幸，女儿早逝，袁机把她的凄凉之苦，深深压抑在心中，只是偶尔用诗歌抒发出来。《闻雁》写道：

秋高霜气重，孤雁最先鸣。
响遏碧云冷，灯含永夜清。
自从怜只影，几度作离声。
飞到湘帘下，寒夜尚未成。

诗中透露出自身如同孤雁哀号的心情。

袁枚于1752年定居南京随园，举家迁徙，袁机随同到达。她几乎按照寡妇规范来生活，穿素色衣服，不化妆，不听音乐，遇到时令节日偷偷地哭泣，平日里也不吃荤腥，取别号青琳居士，表示在家修行。

袁母章太夫人健在，袁机以侍养母亲为职责，寄居在哥哥家里，有时帮着料理家务。每当章太夫人、袁枚生病时，袁机对母兄精心照料，听他们各种故事，替他们解闷消烦。因为她才识高明、博览群书，有许多故事袁枚听着都很新鲜，觉得很有裨益。袁枚有时会请她代写书柬，家里人读书识字时有什么问题也常请教她，因此袁枚在《小仓山房诗集》以"问字举家师"来称赞她。

虽然离开夫家，但袁机还惦记婆婆，在夫家的时候婆婆待她很好。她有时托人给婆婆带去食品衣物，并曾作《寄姑》一首表示自己感念的心情：

欲寄姑恩曲，盈盈一水长。
江流到门口，中有泪双行。

1758年高绎祖去世。其死讯传到南京，袁机念着夫妻一场，写下《追悼》诗。次年袁机也得病亡故，享年40岁，葬在江宁瑶芳门外元山。

袁机外甥陆建评论袁机，把袁机比作谢道韫、班昭一样的才女：

白雪裁诗陪道蕴，青灯说史侍班姑。

贤明岂但称闺秀，儒雅难逢此士夫。

同时代的合肥女子许燕珍读了袁机所著的《素文女子遗稿》，很为她的婚配鸣不平，袁机这样的淑女加才女，竟嫁给了那样不堪之人，简直是彩凤随鸦。按理说，她就算嫁不了才华出众的鲍照，至少也可以嫁给中庸之才的王凝之吧：

彩凤随鸦已自惭，终风且暴更何堪！

不须更道参军好，得嫁王郎死亦甘。

袁机曾作诗30余首，死后由袁枚编辑刊刻，题名《素文女子遗稿》，收入《小仓山房全集》中，为“袁家三妹合稿”之一，袁机另作有《列女传》3卷，未传下来。

席佩兰

声价自经椽笔定，扫眉笔上也生花

席佩兰，1760年生，名蕊珠，字韵芬，又字道华，号佩兰、浣云等。她特别喜欢兰花，也擅长画兰，于是以“佩兰”为号。

席佩兰从小便颖悟能诗，八九岁便学完毛诗。父亲见女儿如此聪慧，很是欣慰，亲自教她《绿窗吟》等诗。她小小年纪，便已满腹诗书，所作之诗天机清妙。

后来她嫁给同县的孙原湘为妻。孙原湘也是个神童才子，三四岁便能作诗，却屡试不第，46岁时才中进士。夫妇情深，志趣相投，相互欣赏，互为师友，唱和之作很多，为“一时佳偶”。孙原湘曾道“赖有闺房为学舍，一编横放两人看”，道出夫妻二人共同学习、琴瑟相和的雅趣。席佩兰也曾写过一首《寿简斋先生》诗，节录如下：

万里桥西野老居，五株杨柳宰官庐。

绿衣捧砚催题卷，红袖添香伴读书。

愿公二十三房里，一个环房一年徙。

绿衣捧砚，红袖添香，情投意合，风雅绝伦。

因为与丈夫心心相印，爱情圆满甜蜜，她的诗作中大都洋溢着明净朗润、温柔宁馨之感。比如《伺外作》：

水沉添取博山温，一院梨花深闭门。
燕子不来风正静，小楼人语月黄昏。

又如《夏夜示外》：

夜深衣薄露华凝，屡欲催眠恐未应。
恰有天风解人意，窗前吹灭读书灯。

古代男性常常远行，或是因为游学，或是因为科考，或是因为宦游。而商人更是离别多。席佩兰曾经写过一首《商妇曲》：

别来岁月如江深，江山孤帆是妾心。
一片春光无处买，不知何用觅黄金。

当丈夫回来之时，她又欢喜无限，作下一首《喜外归》：

晓窗幽梦忽然惊，破例今朝雀噪晴。
指上正轮归日路，耳边已听入门声。
纵怜面目风尘瘦，犹睹襟怀水月明。
好向堂前勤慰问，敢先儿女说离情。

她的山水花鸟小品与题画小品诗词也清新可喜，因生活平静幸福，而显得清圆流丽。如《柳絮》：

白似轻霜软似绵，东风飘泊最堪怜。
不如点入桃花水，化作浮萍转得圆。

又如《忆真妃·题墨梅》：

墨痕淡到如诗，瘦横枝。绝似孤山风雪，立多时。
清如许，寒无语，少人知。惟有隔溪明月，最相思。

席佩兰一生平顺安宁，唯一的痛苦是爱儿的早逝。席佩兰育有两子，均聪明伶俐，却不幸早夭。她写下一首《哭安儿》：

一杯凉酿奠灵床，滴向泉台哭断肠。
谁是酒浆谁是泪，教儿酸苦自家尝。

孙原湘是著名文学家袁枚的学生，且是性灵诗派中的重要成员。受丈夫的影响，佩兰对袁枚十分钦佩，很想成为袁枚的女弟子。袁枚读过席佩兰的诗，只觉诗才清妙，怀疑是她丈夫代笔。

有一次，袁枚到虞山登门拜访，佩兰缟衣出见，姣好婀娜。袁枚特意拉了孙原湘一起前去吴竹桥太史家小饮。太阳还没下山，袁枚便收到了席佩兰写来的3首诗，其中1首写道：

深闺柔翰学涂鸦，重荷先生借齿牙。
漫拟刘公知道韫，直推徐淑胜秦嘉。

解围敢设青绫障？执贽遥褰绛帐纱。
声价自经椽笔定，扫眉笔上也生花。

袁枚大赞，认为诗作细腻风光，“方知徐淑之果胜秦嘉也”，认为她的诗才在她丈夫之上。于是他欣然收下了诗才出众的席佩兰为女弟子，并和她结下了深厚的师生情谊。后来席佩兰成为袁枚女弟子中诗才最著者。袁枚认为其诗作“字字出于性灵，不拾古人牙慧，而能天机清妙，音节琮琤”。

袁枚曾几次到常熟看望孙原湘席佩兰夫妇。有一年农历三月初三，正好是上巳节，是常熟最热闹的民俗节日之一。袁枚乘船来到常熟，由孙、席夫妇陪同游览虞山风光。席佩兰写下两首七律敬献给老师。诗中有这样的句子，“花傍仙舟齐带笑，山迎才子也低头”“一路莺花供鼓吹，二分蟾月伴诗仙”，表达对老师的尊敬与爱戴。

袁枚在他去世前一年，再次来到常熟，给席佩兰带来了由他选编并准备付梓的《随园女弟子诗选》。《随园女弟子诗选》共 6 卷，卷首有汪谷序文，原刻本目录列有 28 位，其中佼佼者 13 人，个个都是当时名噪一时的才女，席佩兰又是这些才女中的佼佼者。

席佩兰打开诗集一看，自己的诗作竟赫然列在首位，不禁激动万分，当即挥毫写下两首诗，其中一首写道：

得攀骥尾原知福，直冠峨眉却过情。
恰如春风吹小草，青青翻获领群英。

席佩兰著有《长真阁集》7 卷、《傍杏楼调琴草》等。《长真阁集》卷首有袁枚的题词，称“似此诗才，不独闺中罕有其俪也”。

金逸

何处卖花声太早，晓妆催起画楼人

金逸，字纤纤，江苏常州人。她出生于清代乾隆三十五年(1770)春天。父母经营着苏州金阊门外的“金记绣庄”。母亲夜晚梦见纤纤彩丝入怀而得女，女儿又生得特别纤弱，所以取字纤纤。

金家是苏州富户，父母见女儿弱不禁风，更加倍疼爱她。而且纤纤幼年早慧，《清代闺阁诗人征略》记载:“幼读书即辨四声，爱作韵语，每罗比如骏马在御，蹀躞不能自止。”

她天生喜欢笑，在她诗词中，也很少有烦忧。这是因为，在她短短的一生中，她一直都备受宠爱。在闺中，她备受父母爱怜；嫁人后，又备受丈夫疼爱。

金逸曾约吴门才女沈鹊花、江玉轸、江碧珠等聚会于苏州虎丘剑池旁，结成诗社，唱和无虚日，并相互大谈《越绝书》《吴越春秋》诸故事，各种典故信手拈来，令旁听的缙绅先生瞠目结舌。

她十二三岁时，正逢袁枚提倡“闺阁文学”，在江南一带招收女弟子。金逸于诗不分唐、宋，而尤喜袁枚的《小仓山房诗集》，读后即给袁枚写信，希望能当他的女弟子，袁枚欣然同意。就这样，金逸投到袁枚门下，成为袁门13位杰出女弟子中名列前茅的一位，深得老师的青睐。因其悟性高，她被袁枚视为“闺中三大知己”之一。严守田赞她的诗“簪花小格衍波笺，诗句新鲜字可怜”。

金逸喜欢做梦，很多诗都与梦有关。她窗前挂着一串风铃，晨风袭来，铃声清脆，惊醒了她的好梦，又听见远处卖花声起，她于是披衣起来理妆，并吟了一首《晓起》诗：

风铃寂寂曙光新，好梦惊回一度春。
何处卖花声太早，晓妆催起画楼人。

于众花之中，金逸尤爱梅花。父母便在她的闺房外植了一大片梅树，无论有花无花。金逸总喜欢对着梅林发呆，曾写了一首梅花诗：

理骨青山后望奢，种梅千树当生涯。
孤坟三尺能来否？记取诗魂是此花。

不久后，父母做主为金逸定下了一门亲事，对方是临近吴县的富家公子，年方十八的秀才陈基。

金逸在洞房花烛夜，做出了“苏小妹三难新郎”的韵事。只是苏小妹是民间传说，金纤纤真有其人。《小仓山房文集》记载：“年甫笄，嫁吴中少年陈竹士，结缡之夕，新妇烟视媚行，忽一小婢手花笺出，索郎诗催妆。竹士适适然，惊幸素所习也，即应教索和，从此琴鸣瑟应，奁具旁，烟墨铺粉，不数日变闺房为学舍矣。”

小夫妻诗词唱和，形影相随。两人一起学习诗词，琴鸣瑟应，烟墨铺粉，非常融洽。两人恩爱地度过了10年甜蜜温馨的生活。

他们经常在一起联诗，曾有《偕竹士联句论诗》：

谈何容易说工诗。（基）
事在千秋笔一支，人道葫芦依故样。（逸）
天生花叶竟谁师？性情以外无传作。（基）
唐宋之间有等差，今日放言狂不讳。（逸）
识君已恨十年迟。（基）

这时她所写的一些闺中小诗，十分清丽可爱，反映出她婚姻的幸福美满：

梧桐细雨响新秋，换得轻衫是越袖。
忽地听郎喧笑近，罗帕佯掉不回头。
竹林笼袖碧云寒，池上幽寻夜祸残。
痴性未除潜弄水，捉将明月唤郎看。

一派温柔娇憨，仿佛还是活泼的闺中少女，对着夫君撒娇。

金逸醉心阅读与创作，即使在病痛之中，也没有放下手中的书卷，书卷成为了她忘记病痛的最佳精神伴侣。如她所说的，“知有新诗忙起读”“人间那有痴于我，病到无聊转读书”。

有一天，金逸梦见和丈夫一起来到了一个地方，烟水茫茫，一望无际，有楼台若隐若现于云气之中。金逸牵着丈夫的手，仿佛听到有人小声在她耳边说：“这是秋水渡。”她便和丈夫联句为乐。醒来之时，她把这个梦告诉了丈夫，那些联句几乎都不记得了，只记得“秋水楼台碧近天”。

后来，金逸回了娘家养病。有一天她忽然强撑着病体回来了。陈基忙扶住妻子，问其缘故，金逸忧伤地说她也许会一病不起了。原来前一天晚上她做了一梦，梦见几位女子驾一只木舟从云端飘过来，邀她登舟，说要和她同往秋水渡去。她醒来之后觉得梦兆不祥，自己也许不久于世，于是赶回家来见丈夫最后一面。陈基听了，心中难过，忙柔声安慰。

回到夫家后，金逸的病越发加重了，她如鲜花一般渐渐枯萎。于 10 天后溘然而逝。

虽然只活了 25 岁，但金逸创作了大量诗作，其中佳作迭出，被认为“集中佳作，美不胜收，无愧作者”。

陈基无法接受妻子的离去。他翻出了妻子闺中写的那首梅花诗，见到“埋骨青山后望奢，种梅千树当生涯”之句，为了完成妻子的愿望，陈基连忙找人四处寻找梅树，重金买下，移种到金逸墓地，也种满了自家的院子。

金逸去世后，陈文述曾言：“闺阁妙丽之质，幽艳之才，皆天上谪仙人也。观纤纤梅卿二女士信哉。”

金逸虽然身体孱弱，但是备受父母和丈夫的疼爱，因此感情是圆满的，诗词也自有一种清新之姿，著有《瘦吟楼诗》及《虎山唱和诗》。

金逸殁后，她生前的好友杨蕊渊、李纽兰、陈雪兰三位一起出资，为她刻录《瘦吟楼诗》。陈文述诗有“蛾眉都有千秋意，肯使遗编付劫尘”句，即指此事。袁枚亲自为金逸作墓志铭，推其为吴门闺秀之“祭酒”。

孙云凤

残月晓霜钟，马蹄黄叶路

清代仁和(今杭州市)有孙氏姐妹，均能诗善画。姐妹中最出色的要算大姐云凤了。

孙云凤，字碧梧。自小聪慧，她8岁的时候，父亲孙嘉乐心血来潮，随口说了一句："关关雎鸠。"不料孙云凤应声对道："雍雍鸣雁。"父亲见女儿才思如此敏捷，惊喜交加，更加看重，悉心培养。她长大之后，工诗善画，逸情高致。

过了不久，袁枚辞官归乡，隐居随园。孙嘉乐和袁枚本是世交，又爱惜女儿才华，便让三个女儿都拜在袁枚门下。于是，孙云凤连同两个妹妹成了袁枚的第一批女弟子。孙云凤更是成为了随园女弟子中出类拔萃的人物。袁枚有《二闺秀诗》："扫眉才子少，吾得二贤难。鹫岭孙云凤，虞山席佩兰。"袁枚编《随园女弟子诗选》以席佩兰排第一，孙云凤排第二。孙云凤曾和袁枚《留别杭州》诗4首，其中一首写道：

囊中有句皆成锦，闺里闻名未识公。
遥忆花间挥手别，片帆天外挂长风。

孙云凤的少女时代，过得比当时一般闺秀更为快活。父亲孙嘉乐宠爱女儿，亲自传授女儿诗词，而且每次宦游之时，必带上几个女儿，四处游历，最远到达云南、四川等地。孙氏姐妹跟着父亲游山玩水，游目骋怀。这样的游历经历，大大开阔了孙云凤的视野，丰富了她的写作内容，也让她的诗词情景交融，有山水清音之韵。如这首《晓行》：

残月晓霜钟，马蹄黄叶路。
日出不见人，溪声隔烟树。

后来她还随父西去陌生的蜀地作《征程》：

春来江上雁知还，我尚驱车歧路间。
芳草极天迷客思，白云何处是乡关。
地卑城郭多临水，县小人家半住山。
闻说西行多石径，喜无尘土扑征颜。

见到山河壮丽，闺房女儿胸中也涌动豪情，诗句意气风发。蒋宝龄《墨林今话》中言其“幼随父官滇、蜀间，所至斐然成咏，多清新可诵”。

在外转了一大圈，孙家又迁回了杭州城，这时孙云凤已经到了适婚年龄，尚待字闺中。孙家思想开明，父亲尊重女儿的意见，孙云凤也自诩甚高，一心要嫁一个才貌双全的如意郎。

但孙云凤虽然才华横溢，偏偏看走了眼，千挑万选，最后却嫁给了一位外表俊朗却不好文墨的程懋庭。她并没有沈宜修、席佩兰那样的幸运，遇到志同道合的丈夫。她婚前对丈夫并不了解，被甜言蜜语所迷惑，婚后才知道自己跳入了火坑。程懋庭沉迷酒色，成日在外花天酒地，酒醉归来还对灯下独自读书写作的妻子冷言相讽。

已经误走到这一步，孙云凤不知如何摆脱苦难，只好逆来顺受，聊借诗词寄托愁怀，即使是题画诗也是愁绪万千，如《墨牡丹》：

白玉栏边折一枝，春寒日日雨丝丝。
人间自有清华种，多恐胭脂不人时。

她琦年玉貌，才华出众，从小又备受父母宠爱，本可以一生平顺幸福，只因走错了婚姻这一步，就从此万劫不复，从备受宠爱、天真活泼的少女一下子转变为悲戚哀痛的怨妇。从此她的诗词就像她的心情，春花秋月都是愁：

渚清沙白孤帆远，云冷江空一雁来。
人事独悲秋渐老，少年须惜水难回。

人生如水，东流难回，时时刻刻需小心珍惜。一旦走错一步，想回头就很难了。

后来夫妻二人终于反目，孙云凤不堪忍受，回到娘家，而此时她的娘家也已经衰落。如此大起大落，使得当年的女中名士诗词之中充满了忧愁与凄怅，不复意气风发。

在孤苦的岁月之中，幸好她有妹妹孙云鹤的陪伴。和妹妹诗词唱和,暂时抚慰了她心中的忧伤。孙云鹤也所适非偶,姐妹两人同病相怜,时人称为“闺阁二难”。

孙云凤曾画梅寄给远在岭南的妹妹,并在画上题了一首词,为《长亭怨慢》:

看点点、林梢初透。倚竹无言,暗香盈袖。水远天长,素心独抱向谁剖。粉融脂溜。才过却、烧灯后。望断陇头云,镇寂寞、双蛾频皱。

记否。共巡檐索句,手撚一枝还嗅。江城玉笛,翻吹出、关山杨柳。早又是、淡月疏帘,照清影、和人俱瘦。纵笔吐江花,难写春风如旧。

孙云凤后半生都与笔墨相伴,著有《湘筠馆集》,其中诗、词各一卷。著名女作家梁德绳的丈夫许宗彦为她的诗集作了序。孙云凤精通音律,她的词清新婉丽,“佳者绝似北宋人语”,她的诗也“不减唐人”。她最后孤身一人,郁郁而终,卒年51。

骆绮兰

莫怪世人容易老，青山也有白头时

骆绮兰为清代嘉庆年间(1796—1820)女诗人，字佩香，号秋亭，江苏句容人。骆氏世业儒，是“初唐四杰”之一骆宾王的后裔。骆绮兰出生于这样的书香世家，自幼随父亲学诗，通晓声律，醉心书史，还画得一手好画。

长大后，骆绮兰嫁给了金陵龚氏子世治。绮兰与世治婚后生活美满，伉俪情笃，且志同道合，“绮兰好为诗，世治兼好为词”，琴瑟和谐，堪称一时佳偶。骆绮兰此时也曾写下一些甜蜜宁静的诗词，如《月夜对弈》：

蕉阴分韵罢，棋兴月中生。
黑白依如旧，赢亏却屡更。
深思情转惑，静极子无声。
局尽天将晓，残星数点明。

她偶然也会有哲思之作，如这首《对雪》：

登楼对雪懒吟诗，闲倚栏杆有所思。
莫怪世人容易老，青山也有白头时。

结婚之后，家道中落，骆绮兰只得和丈夫停下笔墨，一起为生活打拼。后来丈夫不幸早逝，骆绮兰清贫自居。她和丈夫并没有生下儿女，于是收养了一个小女孩，静心抚养幼小的养女。因为生活无计，她只得靠卖自己的书画为生。好在她的画作很受欢迎，一时之间声名大噪。

乾隆四十八年（1783）前后，著名文学家袁枚招收了他的第一个女弟子陈淑兰。此后，"随园女弟子"的队伍逐渐壮大。骆绮兰幼时便读过袁枚的诗，对他钦佩不已，知道他开始收徒之后，便想拜他为师。1790年，骆绮兰以书信的形式向袁枚表达了拜师之意，不久，她就持自己的作品直接去随园找袁枚拜师。骆绮兰《听秋轩诗集》卷一有《随园谒袁简斋师二首》，其二云：

闺阁闻名二十秋，今朝才得识荆州。
匆匆问字书窗下，权把新诗当束修。

向老师表达了自己殷切的求学之意。袁枚见到她的诗作，十分赞赏，便把她收入门下。拜师之后，袁枚不仅在诗词上给她以悉心指导，同时也帮助她拓展交友圈子，使她认识了大量文士。除了袁枚以外，她还拜其他两位著名文士王昶、王文治为师。这两位老师和袁枚一样，出于爱才之意，对她诸多指点，使她受益匪浅。因此，在她的诗集中充满着对三位先生的感恩与回忆。

不过，即使侥幸逃过了生活的重压，骆绮兰保留下的一点诗心仍然横遭非议。此时女性读书、书写的风气，在江南已经相当普遍化。但抨击招收女弟子的文士及其女弟子的也大有人在。一时流言四起。

但骆绮兰对此却不甘沉默、奋起反驳："……师事随园、兰泉、梦楼三先生，出旧稿求其指示差谬，颇为三先生所许可。世之以耳为目者，敢于不信兰，断不敢不信随园、兰泉、梦楼三先生也。于是疑之者息而议之者起矣！又谓妇人不宜作诗，佩香与三先生相往还，尤非礼……随园、兰泉、梦楼三先生苍颜白发，品望之隆，与洛社诸公相伯仲，海内能诗之士，翕然以泰山北斗奉之，百世以后，尤有闻其风而私淑之者。兰深以亲炙门墙，得承训诲，为此生之幸。谓不宜与三先生追随赠答，是谓妇人不宜瞻泰山仰北斗也……"她的这番言论经常被后世引用作为是对女性文学活动反对者的有力反击。

骆绮兰并没有让流言蜚语影响到自己，她还不断地出游，以便结识更多名士。她的很多作品是在旅途中完成的。比如《登天平山憩中白云》就写得淡雅恬静：

身在云中不见云，登临忘却日将曛。
回头欲辨来时路，只有泉声隔树闻。

骆绮兰的一位诗友王琼将她的生活描写为"江南江北盈盈水，一任扁舟好结盟"。骆绮兰的《烟陇探梅》尤为朦胧清美：

小溪清浅雪初晴，乘醉寻梅夜独行。
月下忽寒闲立久，带烟花影不分明。

可见骆绮兰是位体物入微的诗人。

骆绮兰后来把自己的诗集结集出版，为《听秋轩诗集》。在《听秋轩诗集》出版后的一两年中，她又前后编辑出版了《听秋轩赠言》与《听秋轩闺中同人集》。这两本诗集里收的是当时的文士才女们与她唱和或赠送她的诗歌，一本为文士作品集，一本为闺秀作品集。《听秋馆闺中同人集》的作品多为往日随园诗友的投赠之作。她在序中道出了女子作诗的艰难："女子之诗，其工也，难于男子……闺秀幸而配风雅之士，相为唱和，自必爱惜而流传之，不至泯灭。或所遇非人，且不解咿唔为何事，将以诗稿覆醯瓮矣。闺秀之传，难乎不难。"《听秋轩赠言》3卷则收录了106位文士题赞其诗歌或绘画的作品。除了几位是其弟弟与侄子外，其他人基本上是与她毫无血缘、姻亲关系的名士，是集系众多师友"投赠诗篇，谬加褒许，历年以来或高轩亲过，或千里贻书"，故"读而藏之……每风雨之晨，皎月之夜，取名流卷轴，裒而辑之，付诸剞劂"。

她的诗画作品受到最多回应的是《秋灯课女图》。她也曾自题《秋灯课女图》：

江南木落燕飞初，月色朦胧透绮疏。
老屋半间灯一盏，夜深新课女儿书。

仅在《听秋轩赠言》中，题这幅画的男性文士就有55人之多。骆绮兰虽命运坎坷，生活不幸，但她个性坚韧，在逆境中仍坚持读书作诗，并能"仅课一螟蛉女以自遣余年"，"青灯一点夜初长，手订风诗课女郎"，终于成为一代著名的女诗家。

她曾作《重过扬州旧宅》一诗：

维舟重到绿杨城，门巷萧条转眼更。
邻妪相逢应识我，隔墙曾听读书声。
曾将妆阁作诗坛，每日联吟到夜阑。
十二年前题壁句，一时和泪拂尘看。

12 年前那个喜爱诗书，深夜联句的女孩子，岂会知道她后来会遭受如此多的风浪波折，好在，她都挺过来了，并靠着自己的书画坚韧立世。

熊琏

独酌听秋声，小艇芦花里

熊琏，字商珍，号澹仙，清代乾嘉时人。她祖籍江西南昌，后随祖父迁居如皋。父亲熊大纲，工于诗文。可惜的是父亲去世得早，熊琏和弟弟以及寡母一起生活。

母亲精于文墨，虽然家庭贫困，仍然在家务之余对熊琏和弟弟用心教育，悉心指导。熊琏年龄幼小，却特别喜好看书，手不释卷，所作诗词文赋，连母亲看了也大为惊讶，认为男子都有所不及。

熊琏幼年时曾经侍外祖父读书。有一日外祖父在灯下吟诗："梦逐流光换，愁催白发生。"熊琏应声而答："回头多少事，感慨正三更。"当时她不过 9 岁，外祖父又惊又喜又悲，道："斯儿出口凄婉，恐当福薄。"后来熊琏又学诗于诗人吴梅原与江片石，作诗切自身世，出于性灵，读之令人"神凄骨悲，如闻其声，如见其人"。

如皋风景旖旎，熊琏触目处为花光叶影、青山秀水，因此所作诗词"如松间之风，石上之泉，触之成声，自然天籁"。如她笔下的《忆江南·本意》:"江南好,绿水傍红桥。钓艇移来垂柳岸,风筝系在杏花梢。一带酒旗飘……江南好,清景在谁家。待月高楼横短笛。藏秋老圃种黄花。风起雁行斜。"她提炼了关于江南美景的隽秀意象,在词中描绘了一幅幅清新柔美的江南美景。

她常在词作中描摹田园风光,犹如理想中的世外桃源,如《点绛唇·江村》中的"近水人家,芦花掩映黄茅屋。临流濯足,惊起双鸳浴"。又如《念奴娇·水村图》中的"谁在桃花深处住,遥映窗纱一色"。她所作的一些细巧的小诗,也颇为伶俐可喜,如《见蝶》:

晓露零香粉,春风拂画衣,
轻纨原在手,未忍扑双飞。

而这首《村女》,也写得娇憨可爱,很有小女儿情态:

柔桑枝上听鸣鸠,晓起提筐上翠畴。
借问谁家春梦好,半窗红日未梳头。

熊琏自幼许配给同邑陈遵。因此,熊琏长到适婚年龄,母亲便准备做主将她嫁给陈遵。但陈遵身染重病,几近痴呆。陈遵的父亲爱惜熊琏,希望双方能取消婚约。但是,熊琏却受当时的贞洁观念影响,认为一诺千金,自当坚持婚约,坚持要嫁过去。于是,她便嫁到了陈家。

她嫁过去之后,持家有道,"里邻称其贤"。但陈遵对她的才情不懂欣赏,而他身体又越来越孱弱。不久,陈遵便因病去世了。陈家贫困,熊琏无法在陈家生活下去,便只能回到娘家。她的上半生,就这样潦草地过去了。下半生,熊琏便依母弟而居,终身守节。她给自己取号"茹雪山人”，意出《逍遥游》：“藐姑射之山，有神人居焉，肌肤若冰雪，绰约如处子。”

熊琏是一个细腻敏感、充满灵气的女子，却没能遇上一个知情解语的少年郎，连普通女子所能享有的生育子女的权利她也没能享受到。她孑然一身，满腹辛酸郁闷，只有诉诸诗词，“微茫身世，谁问茫茫天道”。只有在诗词世界中，她才得以缓解内心的忧愁。她写下一首《忆秦娥·闲情》，抒发自己的凄凉之意：

漏声寂，窗前疏雨潇潇滴。潇潇滴，残灯背倚，暗风吹入。

天高有梦难寻觅，瑶琴一曲无人识。无人识，白头吟罢，泪痕偷拭。

正因为她身世堪怜，因此，她的诗词中也浸透了这种来自灵魂深处的苍凉与悲戚，即使是在春日，她也感到彻骨的寒冷。如这首《好女儿·春闺》：

苔雨初干，窗日犹寒。独自凄凄无一事，但凝伫空帘，低徊深院，徙倚回栏。

又是去年时候，魂欲黯，梦将残。怎有限韶光无限恨，为杨柳情牵，桃花命薄，梅子心酸。

梨花院落，黄昏清绝。而无论怎样的美景，也只是让她徒增伤心罢了，她写下一首《如梦令·梨花》：

又是伤春时节，一片芳心如雪。深院怯黄昏，多少闲情谁说。清绝清绝，香入溶溶夜月。

她连梦境也是萧瑟的，好梦也做不了一个，午夜梦回，无计可施，只得披衣而起，在月下独自散步。

写着写着，她在诗词中找回了自己，心情趋于平和安宁。她在《渔父词》里，抒发了自己宠辱不惊的心态：

垂钓本无心，得鱼亦不喜。
随意换村醪，归来月满水。
独酌听秋声，小艇芦花里。

母亲心疼女儿，一直庇佑着熊琏，某种意义上来说，母亲就是熊琏的精神支柱，因此，在母亲去世后，熊琏感到莫大的痛苦。在母亲去世一周年的忌日，熊琏站在母亲的遗像前面，只觉凄凉孤单，无依无靠。以后的岁月里，她只有在梦中回忆慈母容颜，方得安慰。她含泪作下《百字令·忆母》：

惊心触目，记去年此际，高堂痛苦。别后凄惶多少事，更与何人细数。大梦醒时，爱缘断否。竟忽飘然去。画图空挂，依依相对无语。

便是海北天南，追寻有路，泉下知何许。血泪一笺谁与寄，风送纸灰如雨。望影摹声，疑踪问迹，梦里浑难据。魂招不返，五更凄断钟鼓。

当她的诗词文赋被刊行时，熊琏这样记载其受欢迎的盛况："借观者纷至，不能遍应。同人怂恿，遂付剞劂。"可见其作品受欢迎程度之深，影响范围之广。

熊琏著《澹仙诗话》4卷，书中多叙当时名人之诗。《澹仙诗话》是历史上第一部女性诗话体著作，也是中国文学史上第一次独立观照两性诗坛尤其是女性诗坛的诗学专著。在其中，熊琏也用心记载并点评了闺秀之作。

除了诗文词赋方面取得较高的造诣之外，熊琏对于琴棋书画还有自身独特的艺术见解。她将这些艺术门类融会贯通，形成了独到的艺术风格和艺术品位。在熊琏的词作中，有30多首题画词，这些题画词大多为人物图题词。她的很多作品也都展现出其对自身音乐能力的欣赏，如"一曲冰弦弹未了，十二屏山，锦帐人空老""胡笳一拍，阳关三叠，无限凄清""天高有梦难寻觅，瑶琴一曲无人识"。此外，熊琏在她的《澹仙诗话》中还提出了她的文学见解与诗学思想："诗境即画境也。诗宜峭，画亦宜峭；诗亦曲，画亦宜曲；诗亦远，画亦宜远。风神气骨，都从兴到。故人谓画中有诗，诗中有画也。"

熊琏著有《澹仙词钞》4卷，《澹仙诗话》4卷，另有诗、文、赋各若干卷。诗词曾通过在书院读书的弟弟熊瑚的抄录而流传于当地。况周颐在《玉栖述雅》里对熊琏词作出高度评价："熊澹仙秉冰藻之贞洁，振金荃之逸响，一洗春波绮纨，近于朴素浑坚……清疏之笔，雅淡之音，自是专家格调。"

吴藻

欲向枕根寻旧梦，梦也无聊

吴藻，字苹香，自号玉岑子，仁和（今杭州）人，清代著名女词人。她出生在富商之家，父母家族之中也并没有出过读书人，但吴藻自幼聪明好学，喜欢读书。吴藻的父亲虽是个富商，却对读书人很敬重，于是重金聘请了名师教女儿琴棋书画。

女儿果然没让父亲失望，方到及笄之年，吴藻读书习字、作诗填词、弹琴谱曲、作画下棋无所不通，尤其是在填词作曲上很有功力。她虽然从小爱读词曲，但起初并未想过要成为一代大家，后来有人劝她说："何不自作？"于是她援笔赋《浪淘沙》词一阕：

莲漏正迢迢，凉馆灯挑。画屏秋冷一支箫。真个曲终人不见，月转花梢。

何处暮砧敲？黯黯魄销。断肠诗句可怜宵。欲向枕根寻旧梦，梦也无聊。

她果然出手不凡。这首处女作轻巧柔美，一时被广为传诵。

她少女时期过着幸福快乐的日子，父母宠爱，生活富足。她曾作一首《如梦令》，词中的少女娇憨无忧：

燕子未随春去，飞入绣帘深处。软语多时，莫是要和侬住？延伫，延伫，含笑回他："不许！"

随着年龄的增长，吴藻终于长成了一名才貌双全的少女。她才华出众，渴望有人能和她在诗词上进行交流，但是家中的亲友只顾做生意，无人能明了她的心思。她不由得觉得孤独寂寞，十分苦闷，茫茫人群中，自己孑然一人，无人能懂，无人能知，只能慨然长叹。她把这份情思写在了一首《苏幕遮》中：

曲栏干，深院宇。依旧春来，依旧春又去。一片残红无著处，绿遍天涯，绿遍天涯树。

柳絮飞，萍叶聚。梅子黄时，梅子黄时雨。小令翻香词太絮，句句愁人，句句愁人处。

转眼到了出嫁的年龄，吴藻生得清丽秀美，才情出众，家境更是富裕，到吴家来求亲的人踏破了门槛，但吴藻全部将他们拒之门外。这样，吴藻很快就到了22岁，在当时算是老姑娘了。父母开始着急了，几番催促，吴藻终于勉强答应了同城丝绸商黄家的求婚。

黄家世代经商，家族富足，但和吴家一样，祖上从来没有出过读书人。吴藻的丈夫从少年时就开始经商，只会看账本，不会看诗词。但幸运的是，这位黄公子对妻子的才情十分钦佩，对她宠爱非凡，百依百顺，还特意为她布置了一个整洁宽敞的书房。这样吴藻便可以天天待在自己的书房中，全身心地投入到她所钟爱的诗词创作中。

《祝英台近》便可窥见吴藻婚后的心情：

曲栏低，深院锁，人晚倦梳裹。恨海茫茫，已觉此身堕。那堪多事青灯，黄昏才到，又添上影儿一个。

最无那，纵然着意怜卿，卿不解怜我。怎又书窗，依依伴行坐。算来驱去原难，避时尚易，索掩却，绣帏推卧。

丈夫整天忙于生意，常常深夜才回家，累得倒头就睡，没有时间温柔细致地和她探讨那些风花雪月，吴藻十分失落。见妻子日渐憔悴，丈夫心疼不已，自己没有时间陪妻子，便劝她多走出去交些朋友。

吴藻开始走出闺房，慢慢结识了一些诗人文友。她的词作传到这些文友手中，他们个个称赞，还邀请她去参加一些诗文酒会。她很快便融入了那个圈子，才华卓绝的她得到了认同和肯定，顿时变得活泼开朗起来。吴藻的诗词在当地文人中间引起极大的轰动，他们给予了很高的评价，他们称她为“夙世书仙”“天赋之才”。吴藻与这些书生们一同喝酒游玩，踏青赏月，有时深夜才归。

清代大力倡导女性文学、广收女弟子的人，袁枚之后，当为陈文述。他的女弟子被称作“碧城女弟子”。吴藻便拜在碧城门下求学。就这样，她成为了陈文述的得意弟子。他称赞吴藻“前生名士、今生美人”，这是对她极大的褒奖了。

吴藻也和当时的女作家来往密切，彼此唱和。吴藻的这首《浪淘沙(吴门返棹，云裳妹欲送不果，寄此留别)》便是写给闺中密友的：

双桨打横塘，何限江乡。绿波争似别愁长。最忆前宵曾剪烛，共语西窗。

无计共离觞，跳地垂杨。数声风篷断人肠。从此天涯明月夜，各自凄凉。

她曾受闺友所托题画，风格慷慨豪迈、气势非凡，的确有风流不羁的名士之风，即《水调歌头·孙子勤〈看剑引杯图〉，云林姊嘱题》：

长剑倚天外，白眼举觞空。莲花千朵出匣，珠滴小槽红。浇尽层层块垒，露尽森森芒角，云梦荡吾胸。春水变醽醁，秋水淬芙蓉。

饮如鲸，诗如虎，气如虹。狂歌斫地，恨不移向酒泉封。百炼钢难绕指，百瓮香频到口，百尺卧元龙。磊落平生志，破浪去乘风。

虽然才名受到肯定，但吴藻的内心深处终究还是寂寞惆怅的，于是她写了这样的一阕《行香子》：

长夜迢迢，落叶萧萧，纸窗儿不住风敲。茶温烟冷，炉暗香销，正小庭空，双扉掩，一灯挑。

愁也难抛，梦也难招，拥寒衾睡也无聊。凄凉境况，齐作今宵，有漏声沉，铃声苦，雁声高。

她的《浣溪沙》写道："欲哭不成还强笑，讳愁无奈学忘情，误人犹说是聪明。"因此她便幻想能够摆脱"束缚形骸"的女儿身，变为男子，以期在幻想中寻求自我。她后来所创作的杂剧《饮酒读骚》，就是这种朦胧的渴望男女平等、渴望个性解放的心理的写照。当时的名士许乃谷在题辞中赞叹说:“须眉未免儿女肠,巾帼翻多丈夫气。”还有人将此剧谱成曲调,四处传唱:“吴中好事者被之管弦,一时传唱,遂遍大江南北,几如有井水处必歌柳七词矣。”可惜此剧现已失传,只在陈文述汇刻的《阑因集》中,尚保留了她的南北曲一套,哀艳缠绵。

婚后10年之后,吴藻的丈夫因一场大病骤然离开了人世。她这时已经32岁。她虽然和丈夫并不投契,但是丈夫对她却是体贴入微的。她开始感到难过和不舍,词中开始出现了丈夫的身影,比如这阕《南乡子》:

门外水粼粼,春色三分已二分。旧雨不来同听雨,黄昏,剪烛西窗少个人。

小病自温存,薄暮飞来一朵云。若问湖山消领未,琴樽,不上兰舟只待君。

她并没有子女,此时无牵无挂,便独身移居到人迹稀疏的南湖僻静处,这里“古城野水,地多梅花”。在南湖幽居中,她将自己的词作一一整理出来,编成了两本集子,一是《花帘词》,收集的是30岁以前的词作;一是《香南雪北词》,汇入了她30岁以后的作品。因了这两本词集的刊行,吴藻的词名远振大江南北。

当时的女作家对吴藻也是大为称赞。比如顾太春和沈善宝,她们与吴藻从未谋面,就都对吴藻表示了结交的愿望,并写词相赠。顾太春有《金缕曲・题〈花帘词〉寄吴蘋香女士用本集中韵》:

何幸闻名早,爱春蚕、缠绵作茧,丝丝萦绕。织就七襄天孙锦,彩线金针都扫。隔千里、系人怀抱,欲见无由缘分浅,况卿乎与我年将老。

莫辜负，好才调。

落花流水难猜料，正无妨、冰绞写怨，云笺起草。有美人兮倚修竹，何日轻舟来到？叹空谷、知音偏少，只有莺花堪适兴，对湖光山色舒长啸。愿寄我，近来稿。

沈善宝有《读吴苹香夫人（花帘词稿）》：

绿窗耽翰墨，闺阁少知音。不道梅花里，传来柳絮吟。
歌真高白雪，品欲重南金。从此阑干时，临风思不禁。

吴藻把自己的住所也题名为“香南雪北庐”。她在《香南雪北词》自序中说：“忧患余生，吟事遂废……自今以往，扫除文字，潜心奉道，香山南，雪山北，皈依净土，几生修得到梅花乎。”这也是她的封笔说明。从此她便在暗香疏影中静心修佛，以求得心灵的平静，直到生命终结。

方婉仪

清清不染淤泥水，我与荷花同日生

方婉仪，字仪子，生于1732年，安徽歙县人，清代著名女画家，也工于诗。她出身官宦世家，祖父是广东布政使方愿瑛，父亲是国子学生方宝俭。

方婉仪自小生得肌肤如雪，明眸如水，极得父母宠爱。她人又聪慧，冰雪剔透，跟着父亲和姑姑学诗作画，小小年纪就在扬州城小有名气。她出生之日是6月24日。在扬州风俗里，这个日子是莲花生日，众人都会去给莲花拜寿。而她独喜白莲洁净无瑕如姑射仙子，因此自号“白莲居士”。

方婉仪有《生日偶成》一诗，才气与傲气并具：

冰簟疏帘小阁明，池边风景最关情。
清清不染淤泥水，我与荷花同日生。
梅摹魏国夫人画，字仿杨家妹子书。

一盏真茶消永昼，玉浆犀液较何如。

那时真是好时光，闺中少女不知愁，少年心事飞到九霄云外。时光弹指，转眼到了18岁。她已经出落得亭亭玉立，便如一朵娉娉婷婷的白莲花。上门求亲的人踏破了门槛，不知怎的，她总不动心。父亲有些发愁，问她："到底想要怎样的少年郎呢？"她眼眸流动，笑语嫣然，答道："有才的少年郎。"父亲皱眉想了半天，呵呵大笑，说："那就他吧。"

就这样，她嫁给了罗聘。他是"扬州八怪"之一，也是"扬州八怪"里最年轻的才子。彼时，他不过是个穷困潦倒的青年，却有一双湛然有神的眸子。父亲看了他的诗文与画，大赞。她接过诗画，一览之下，也怦然心动。

婚后的生活，是意想不到的甜蜜。他果然笔下生花，每画一幅画，仿佛那幅画都有了活泼的生命。她在他身边，素手磨墨，默然欢喜。不自禁地，她为丈夫而骄傲。这样出类拔萃的才子，竟然是她最亲密的枕边人。而他也惊叹于她一低眉的清澈，她笔下的梅、兰、竹、石，瘦影疏香，淡淡几笔，便逸趣横生，隐隐然不食人间烟火，有出尘之姿。

她常常随着他去城外蜀岗平山堂、甘泉山、瘦西湖等地游玩，湖光山色与人亲，隽美景致舒畅着他们的眼睛。两人湖边饮酒，月下作画，往往诗情涌来，便有冷香飞上诗句，自己看了，也觉玲珑可喜。

罗聘号两峰，又号衣云、花之寺、金牛山人等。于是她便携了一小印，精心镌了"两峰之妻"四字。她曾是多骄傲的小少女啊，自号白莲居士，不愿泯然众人，可是这爱情让她的心如白莲花绽，一瓣瓣的花瓣都浸润了甜蜜与芬芳，曾经的白莲居士，飘洒出尘，而今的两峰之妻，温厚平和。

渐渐地，夫妻俩的名气越来越大，求画的人也越来越多。有一日，有一书童求见她，奉上 20 两白银。原来，是一位皖籍盐商想求她的画。她问明来意之后，莞尔而笑："我的画出自于心，想画时就画了。"自然是婉言拒绝了。书童不死心，苦苦央求，仍然被拒，只得怏怏离去。

她出身大户人家，区区 20 两白银在她眼里算得了什么。现在的日子虽然清贫，却是随心所欲，自由自在的。她只为自己的心画。和在闺中一样，她还是那个才气与傲气俱在的方婉仪。

日子就这么一天天过去。很快，方婉仪生了两个儿子、一个女儿，从此越发忙碌起来，除了操持家务，她还要教导子女，并悉心指导子女们作画。婚后，她也偶尔想起闺中少女时的日子，某日，她随手写下一首《记得》：

记得当时拢髻年，春宵坐月百花前。
谢家小妹王家姊，手弄窥窗白玉钱。

她想，她是极幸福的吧。少女时代，父母对她极尽宠爱；婚后，夫妻二人又琴瑟和谐，谈书画，游山水，赋诗词，虽然粗茶淡饭，但是，谁有他们那么快活呢？

罗聘虽然已经有高明画技，却仍然希望能更上一层楼。他极为钦佩当时的大画家金农，很想拜他为师。她得知之后，也觉得是好事，大力支持他前往拜师。于是罗聘当即写了一首诗，送往金农家中。向来惜才的金农见诗大喜，认为他是可造之才。从此，他拜在金农门下，成了入室弟子。学艺数年，画技更是一日千里，炉火纯青。

出师之后，他决定去京师闯荡，但当时他在京师的名气并不响亮，见惯人情冷暖的他见识了京城捧高踩低的众生态，不由得心中感慨，画下 8 张极尽夸张怪诞手法的《鬼趣图》，以讽刺世情。《鬼趣图》后来成为了他的代表之作，被认为是中国漫画之祖。

时光荏苒，他们的二子一女渐渐长大，都精通画技，而且都擅长画梅花，被誉为“罗家梅派”。时人评价：“江山清淑之气，不钟于绮罗丰厚之闺阁，而生在清寒彻骨画梅相对之贫士家。”有此佳儿佳女，他对她充满感激，他心中知晓，这其中倾注了她的多少心血。

有一日，学者蒋士铨进京路过扬州，前来拜访罗家，夫妻俩热情接待。她更亲自下厨，摆出一桌清淡雅致的好菜。蒋士铨见罗家一门丹青，满室书香，赞叹不已。酒过三巡，蒋士铨拿出六尺花绫，请他和她为之画寿帐。他和她相视一笑，心中明白，这是蒋士铨有意考量。于是，当晚，烛光盈盈，如同白昼，他和她，带着三个儿女，于灯下作画。画笔到处，开出朵朵冷傲寒梅、璀璨牡丹以及清素秋菊，花绫上渐渐灿然生光。

待到第二天，蒋士铨见到这花绫，不由得大喜，连声称赞，并作长诗道：“两峰为夫，白莲为妻。男能绍诗书，女有方淑仪。一家仙人古眷属，墨池画笺相扶持……”

从此，罗家画派的美名更是远扬。

48岁那年，方婉仪得了重病。罗聘正游历在外，得到消息，急忙赶回来。但病势汹涌，她终究没有等到他回来，就安然合目而去。她的墓碑上，是他特意请来的当时名士翁方纲所作的墓志铭，曰：“万卷梅花，一卷白莲，其画也禅，其诗也仙；吾文冰雪兮，与此石俱传。”

陈端生

今夜安闲权自适，聊将彩笔写良缘

陈端生，字云贞，浙江钱塘（今杭州）人，著有弹词小说《再生缘》17卷。陈寅恪晚年专“作无益之事，以遣有涯之生”，写了近80页的长篇论文《论〈再生缘〉》，认为其艺术成就不在杜甫之下，甚至可同希腊史诗媲美，而陈端生亦为“当日无数女性中思想最超越之人也”。足见他对陈端生及其作品的重视与肯定。

1751年，陈端生出生在一个书香世家。祖父陈兆仑是“桐城派”古文家方苞的入室子弟，乾隆初举博学宏词科，官至通政司副使，著有《紫竹山房文集》，还担任《续文献通考》的纂修官及总裁，其诗文清淡醇古，在当时也颇有名望，被京师士大夫奉为文章宗匠。父亲陈玉敦是举人出身。母亲汪氏是云南大理知府、进士汪起岩的女儿，能诗善文。他们夫妻郎才女貌，结婚之后汪氏跟随陈玉敦进京赶考，一举成名，朝廷任命陈玉敦为山东登州知府。

就在陈玉敦上任的当年，汪氏生下了陈端生。爷爷陈兆仑很喜欢这个孙女，见小小女孩儿眼眸清亮、容貌端庄，如同蓝天上的云朵一般，于是给其取名为陈端生,字云贞。

陈兆仑是一个很开明的人,曾写《才女论》一文,认为女性“习篇章”“多认典故”“大启灵性”,对于“治家相夫课子皆非无助”,而且可使女子变得“温柔敦厚”。虽然他眼里的才女最终目标还是做一个更称职的主妇,但毕竟他把文化修养提到了一定高度,为他的女性后人接受文化教育开了大门。陈端生和她妹妹陈长生都以文学才情见长,当受益于祖父的开明思想。

在这样安稳和乐的书香家庭长大,陈端生的童年无疑是无忧无虑、极为幸福的。陈端生从小受家人影响,每天沉浸在书本里,从而熟读了很多古典文学。她受父母的熏陶,从小开始写诗词,文采斐然。俞蛟《梦厂杂著》云“云贞淑而多才,擅长笔札,工吟咏”,称其诗“宛丽清和,真扫眉才子所不如者”。

陈玉敦和汪氏没有儿子,只有3个女儿,端生为长,庆生为次,长生最幼。三姐妹从小便深得父母宠爱,并且都极聪明伶俐,文采斐然。但庆生不幸早夭,慈母汪氏肝肠寸断,从此对待端生姐妹越发温柔细致。

母亲来自云南,那里远离传统文化中心,人们的思想不像其他地方那样受传统的拘束,因此母亲对姐妹俩的态度亦十分开明。因此,陈端生有一个较为宽松的成长环境,也使得她的思想观念比较超前,少有传统的约束。陈寅恪先生在他的《论〈再生缘〉》中说:“端生此等自由及自尊即独立之思想,在当日及其后百余年间,俱足惊世骇俗,自为一般人所非议。”姐妹俩经常听母亲讲云南那的掌故习俗,对云南生出一份亲切之感。也就在这时,陈端生的脑海里开始产生了很多对云南的幻想,云南在她的想象中越来越神秘而美丽。

在这样的书香家庭里,陈端生也见识了很多才识超绝的女性,她妹妹陈长生就是袁枚的“女弟子”之一。长生后嫁与曾任翰林院编修的叶绍楏(琴柯)。袁枚曾评论说:“吾乡多闺秀,而莫盛于叶方伯佩荪家。其前后两夫人,两女公子,一儿妇(指长生),皆诗坛飞将军也。”她感到她所见识到的女性之才华完全不亚于男性，甚至要比男性更出色，却无法像男性一样在社会上实现自我价值。这也促使了她开始有了写《再生缘》的想法。

《再生缘》实际上是《玉钏缘》的续书。《玉钏缘》是当时在江南闺阁之中流行一时的著名弹词作品，作者已不可考，只从前言推测出是母女二人，女儿执笔，母亲修改。全书共32卷，计136万字左右。《玉钏缘》说的是谢府双胞胎兄妹谢玉辉与谢玉娟于危急中互换身份。谢玉辉假扮妹妹入宫，解救宫廷内争，并取得功名，娶得妻妾；谢玉娟女扮男装应试为官，还为自己兄长娶了宰相的女儿。全书气势宏大，情节曲折，引人入胜，只是叙述庞杂碎裂。

陈端生和母亲都很喜欢这部作品，但陈端生意犹未尽，决定写《玉钏缘》中谢玉辉及其妻妾下一世的故事，这就是《再生缘》。她才思敏捷，笔力纵横，《再生缘》的整体构思和艺术魅力大大超过了《玉钏缘》，以至于后人只知《再生缘》，不知《玉钏缘》。

端生是在她17岁秋天开始创作《再生缘》的，19岁那年秋天搁笔，前16卷近60万字都是在这个时候写的，几乎是一气呵成，从"射柳姻缘"一直写到"脱鞋验身"。那时她正值人生中最美好的时候，一切都刚刚开始，如同夏夜凉风拂过栀子花，新鲜而又浸满芬芳的年龄。

那是1768年秋天，一位端丽的少女轻舒皓腕，临窗而写，她并不知道，自己笔下将会铺展出怎样的传奇：

闺帷无事小窗前，秋夜初寒转未眠。
灯影斜摇书案侧，雨声频滴曲栏边。
闲拈新思难成句，略捡微词可作篇。
今夜安闲权自适，聊将彩笔写良缘。

她开始写这部书，只是为了自抒怀抱，在文章中一展抱负，并未想过有多大的影响。但她写得非常快活，常常挑灯夜战，在寒冬里依然笔耕不辍：

仲冻天气已严寒，猎猎西风万木残。
短昼不堪勤绣作，仍为相续《再生缘》。

她的读者也只有母亲和妹妹，每写一卷，便呈给她们观看。自然，母亲看得赞不绝口，妹妹也读得兴高采烈。陈端生便得越发顺手，这段写作的时光，大约是她一生的好日子，她写道：

姊妹联床听夜雨，椿萱分韵课诗篇。
隔墙红杏飞晴雪，映榻高槐覆晚烟。
午绣倦来犹整线，春茶试罢更添泉。

第二年的正月，陈端生的祖父离开北京回杭州，但陈端生父亲还在京中做官，于是陈端生姐妹俩和母亲都继续留在北京。到五月，她已经写完前 8 卷。

八月，父亲任职山东登州府，全家都跟着前往山东，打断了她的写作。登州府治所在今天的蓬莱市。蓬莱临海，且有无数飘忽瑰艳之神话传说，这些都让陈端生感到心怀大畅：

地临东海潮来近，人在蓬山快欲仙。
空中楼阁千层现，岛外帆樯数点悬。

在蓬莱这段时间，她继续拿起笔写作。她的写作速度很快，才情喷涌而出。她在登州住了约 7 个月时间，就写完了 9 到 16 卷。

写完 16 卷，陈端生见窗外花瓣零落，春已逝去，便写下了一首伤春之词：

起头时，芳草绿生才雨好，收尾时，杏花红坠已春消。良可叹，实堪嘲，流水光阴暮复朝；别绪闲情收拾去，我且待，词登十七润新毫。

陈端生写完16卷之后没有接着写，因为她母亲病了，端生不得不搁笔，细心照料母亲。就在这一年七月，母亲病逝了。

母亲去世后，陈端生也无心写作了。本来母亲和妹妹就是她仅有的两位读者，她写这个故事，除了自娱，也是为了博母亲和妹妹一笑。而母亲去世，她失去了最重要的读者，觉得再写下去，也没有什么意义了。于是她便不再写下去了。

第二年，因为父亲离任，她和家人返回杭州老家。这一年，陈端生已经20岁了。接下来的几年时间，父亲便忙着给端生安排相亲。几经挑选，陈端生23岁那年，终于嫁与范菼为妻。

范菼已经年过三十，陈端生并非原配，而是继室。范菼父亲范璨是雍正年间的进士，曾任湖北巡抚、安徽巡抚、资政大夫、工部侍郎等高官。因此，作为世家子弟的范菼物质条件很好，她过得还算幸福。

日子虽然快乐，但她并未继续写作。而是以另一种形式继续创作：婚后生了一子一女。子女是父母最好的作品，陈端生也定是这么认为的。因此，她把所有的精力都放在了养育一双儿女的身上。玉雪可爱，聪明伶俐的儿女，是她最大的慰藉。如果可以，她愿意这样的日子一直持续下去，她就做一个平凡温暖的女人，有丈夫疼爱，有儿女绕膝。而此时，却发生了一件意想不到的事。

范菼出身富贵，不喜读书，但他生在官宦之家，免不了要被父母催促着考取功名。范菼却铤而走险，请人代考。结果，他遭受了极其严厉的惩处：发配伊犁为奴。

陈端生的平静安宁的生活忽然被打破了,丈夫受罚,子女失父,她遭到了极大的痛苦。本是有清清静静的好日子可过,他却因一念之差,遭此横祸,所以陈端生说:"亨衢顺境殊安乐,利锁名缰却挂牵。"从此,夫妻分离。从小一帆风顺的陈端生,在生活中从来没有面对过如此大的变故。她几乎就要支持不下去了。但幸好,除了家人的安慰,她也收到了来自读者的关爱。当年写《再生缘》前 16 卷时,读者只有母亲和妹妹。这时《再生缘》的书稿却很快在浙江一省传开:"惟是此书知者久,浙江一省偏相传。龆年戏笔殊觉笑,反胜那,沦落文章不值钱。闺阁知音频赏玩,庭帏尊长尽开颜。谆谆更嘱全始终,必欲使,凤友鸾交续旧弦。"《再生缘》的情节离奇曲折,引人入胜,读者们便纷纷表示对书的喜爱,并催促陈端生再继续写下去。

读者的支持便是作者最大的动力,有那么多人喜欢她的文字,这比任何财物都珍贵。读者某种意义上来说正是作者的知音。因此,为了众多读者,陈端生便决定继续写下去了。

乾隆四十九年(1784)的早春二月,陈端生在母亲去世 12 年后,又开始缓缓研墨铺纸。时隔 12 年,一切都已物是人非。正如她自己说的,"仆本愁人愁不已,殊非是,拈毫弄墨旧如心",只是,此时她的灵性与体力都无法跟少女时代相比,写作的速度也已经大不如前,写写停停。她此时的心境,也和少女时期那种意气风发的飞扬心态大不一样了。生活的磨难,令她无法再沉浸在弹词小说里做梦了,所以她只写了第 17 卷,仅 4 万字左右,她竟从年初写到岁暮,用了将近 1 年时间。

写完第 17 卷之后,她没有继续写,如《红楼梦》一般,《再生缘》在高潮处便戛然而止。嘉庆元年(1796)秋,范菼被赦回家后不久,陈端生因病去世,《再生缘》便永远没有了结局。

《再生缘》中的女主人公孟丽君,是一位极具个性魅力的少女,她不仅聪明貌美,而且学识渊博,智计过人,她更名郦君玉,靠自身之才学,考上了女状元，并在朝为官。她不依附于任何男性，只希望一抒抱负，一展所长，因此拒绝与未婚夫皇甫少华相认，与父兄同朝为官，依靠自己的实力成为了未婚夫的领导和老师，凭借自己的才华和能力力压众多男子成为执掌兵权的朝廷重臣。后来皇甫少华对她起了疑心，怀疑她是自己未过门的妻子，而皇帝亦察觉丽君乃是女儿身，想让她入宫为妃。正待验明身份，悬念迭起之处，端生作品便止笔于此了。《再生缘》便成为了一个光华灿烂的残篇，没有人知道端生心中的结局会是怎样。

《再生缘》词句清丽，布局精密，情节曲折，结构庞大，心理描写尤其细致深刻，被称为“叙事言情七言排律之长篇巨制”。后来杭州女诗人梁德绳与其夫许宗彦续成3卷，给孟丽君和皇甫少华安排了一个大团圆的结局，皇甫少华娶了孟丽君，但也同时娶了其他两个女子。续书的思想性和艺术性无法跟陈端生的天才手笔相提并论。后来《再生缘》再经弹词小说家侯芝手订，删繁撮要，加序刻印，流传于世。《再生缘》除了以弹词文本形式传播外，还被改编为戏曲、文言小说、评书等多种艺术形式在民间广泛流传。

后来侯芝又写了《再生缘》的后传《再造天》，女主人公为孟丽君的女儿皇甫飞龙有着母亲的才貌和智慧，被皇帝看中成为皇后。但她却比母亲更多一份野心，《再生缘》里，孟丽君希望的是寻找自我平台、实现自我价值，但《再造天》里，飞龙素慕武则天为人，想要成为一代女皇，野心勃勃，权倾朝野。侯芝的思想、文笔和故事构架都与陈端生相差太远，因此《再造天》籍籍无名，影响力与《再生缘》不可同日而语。

陈端生除了《再生缘》外，还著有诗集《绘影阁集》，只可惜《绘影阁集》并未流传下来。

邱心如

留贻闺阁邀清赏，工暇消闲仔细评

邱心如，清代弹词小说家，江苏淮阴人。邱心如的父亲与兄长都是读书人，母亲也喜欢吟诗联赋，“喜读父书翻古史，更从母教赋闲篇”。在父母兄长的熏陶下，她自幼饱读诗书，熟知礼易，也渐渐对诗文和弹词有了浓烈兴趣。

待字闺中之时，她特别喜爱读陈端生的《再生缘》，一读再读，爱不释手。然而她对《再生缘》的情节设计亦有不满之处，同时也惋惜于《再生缘》因作者逝世而成了残篇，而后来梁德绳的续书也不甚理想。于是，小女孩儿决定自己也来着手写一部弹词，她的弹词中的女主人公也要和《再生缘》的孟丽君一样，“虽为女子，强似男儿”。她决心要以此部弹词来为天下女子正名。少年时期，意气风发，不觉得有什么不可能。就此，她开始了长篇弹词小说《笔生花》的创作。

她写了几个章节，就拿给母亲看，没想到母亲很喜欢看她写的弹词，大为夸赞。于是为了博母亲一笑，“聊博我、北堂萱室一时欢”，她更加勤奋地创作，独坐黄昏无所事，临窗执笔度春秋。在出嫁之前，于闺阁之中,她就已经完成了《笔生花》前五回的创作。

19岁那年,邱心如嫁给了清河(今江苏省淮安市)张姓儒生为妻。丈夫虽然也是幼习儒业、饱读诗书,却才华平庸,且家境贫寒,夫妻二人生活得十分清苦。丈夫并不能理解邱心如的写作才华,对她诸多抱怨,而邱心如也被琐碎的家事以及婆家的姑嫂嫌隙所烦扰。她疲于应付,只得把《笔生花》的手稿收藏起来,利用家务间隙断断续续地写作。不久邱心如生下了一双儿女,总算给婚姻增添了一丝温馨。

原以为就这样过此一生,却没想到,接二连三的打击降临到了邱心如的身上。张生身体孱弱,家中却无钱救治,"最堪怜,多病慵妆闲宝镜,良可叹,疗病无计质金钗"。她甚至还要当掉自己的金钗来治病。不久,张生便不幸去世。她独自奉养公婆,后来公公婆婆也相继去世,所抚养的一双儿女也都已长大成家。这时时光已经滑去了21年,她已经不再年轻了。

此时,邱心如的父亲和兄长也都去世了,只有老母一人在家,无人赡养。一向孝顺的邱心如心系母亲,于是回了娘家,设帐授徒,以此为生。母女俩相依为命。同时,为了让母亲开颜,她又重新拣起笔墨,继续《笔生花》的写作。

因生活贫困,"惊米贵,苦囊空,不在愁中即病中",邱心如见惯了世态炎凉,人生百态,所谓"时逢冬至风光少,人到贫时世味谙"。但她只要一拿起笔,马上就沉浸在一个崭新的世界里。弹词小说里她所创作的那个世界,带给了她暂时的欢愉,也带给了她年迈的母亲孤寂岁月里很大的安慰。

于是她一直写了下去,白天授徒,夜晚写作,差不多写了整整30年,终于,在咸丰初年,邱心如完成了《笔生花》这部共8卷32回近120万字的鸿篇巨著。在笔落成书之日,邱心如说"浪费工夫三十载,闲来聊以乐慈亲”“留贻闺阁邀清赏，工暇消闲仔细评”。她的写作，起初是为了母亲开颜，后来也希望得到闺阁读者的喜爱，她也期待着知音的评论。

咸丰七年(1857)七月，《笔生花》首次刊行问世，邱心如的表侄陈同勋为其作序云：“姑母性至孝，借翰墨以娱北堂，非必沾沾以逞才为事也。”同治十一年(1872)八月《笔生花》再版时，棠湖云腴女士在补序中写道：“张母邱太夫人者，生本儒宗，世居故里。学传卫铄，幼即能书；教秉宣文，老犹设帐。”

《笔生花》是继《天雨花》《再生缘》之后又一部出自女作家之手的长篇弹词，写的也是一段围绕女主角展开的悲欢离合、跌宕起伏的故事。明正德年间(1506—1521)，杭州仁和县翰林学士文上林之子文炳，自幼与舅父工部侍郎姜近仁之女德华订婚，并寄居姜家读书。浙江巡抚柏固修素向姜家为子求婚未遂，遂结仇衅。后姜德华因抗婚和逃避进攻两度自杀，为狐仙所救。从此她便女扮男装，改名姜峻璧，投寄姨父山东巡抚谢秋山家。后来姜德华高中状元，屡立战功，位兼将相。与此同时，文炳也得中榜眼，亦因平叛功封襄城武林伯，为都察院御史。姜德华暴露女性身份后，御赐与文炳完婚。

《笔生花》从形式到内容都借鉴了《再生缘》，塑造了一个如孟丽君一般光彩照人的女性形象姜德华，她美貌多才，聪明机敏，不畏强暴，敢于斗争。这部弹词歌颂了女子的才华，也表达了女子要求与男子一样建功立业的渴求与憧憬，“生女如斯胜似男”“弄瓦无须望弄璋”。全书结构宏伟，感情细腻，作者巧妙地把诗、词、说、唱融为一体，笔调秀致，情节曲折，因此成为清朝道光、咸丰年间最有影响力的弹词小说，受到文学史家的重视和好评。

1872年八月，《笔生花》再版时，邱心如凄凉离世。

王贞仪

裁我瑶笺惭报语，不教青眼误埃尘

王贞仪，字德卿，安徽天长人，是清代著名算学家、文学家、天文学家。王贞仪是官宦之家出身。她家原籍安徽天长县，祖父时迁居金陵（今南京市）和吉林。她的祖父王者辅，字惺斋，曾任丰城知县和宣化知府，精通历算，著述甚丰。王贞仪的父亲王锡琛，生活坎坷，屡试不第，但他精通医学，以行医为业。

王贞仪1768年出生，幼时几乎是在书香里长大的。祖父和父亲都是学识渊博的学者，家中藏书极为丰富，据说有75橱。这些书籍包罗万象，不仅仅只是诗词歌赋，还有星象、历算、医学等方面的权威书籍。

王贞仪从小便熟读这些书籍，又得到祖父和父亲的悉心指点，她小小年纪，学识就极为渊博。祖父亲自教导她算学，使得她后来在算学上大有所成。王贞仪在《敬书先大父惺斋公读书记事后》一文中说：“贞仪幼侍大父惺斋公，公细训以诸算法。即长，学历算，复读家藏诸历算善本十余种，潜心稽究十余年。”父亲王锡琛是名医生，这对她影响也很大。在父亲的指导下,王贞仪也精通医学,不只是熟知医理,也能临床看病。

当时有才学的女子,最多不过是诗书画皆精,而王贞仪“通星象,精历算,通医理,工诗文”,她的知识范畴和学识修养又远远超出了一般的闺阁女子,是历史上罕见的女算学家、天文学家、医生和诗人。

父亲钟爱女儿,不愿拘束了她,就带她到处游历,开阔视野,增长见识。王贞仪幼时就曾随父亲游历湖南、湖北、广州等地,还出塞省视,跟着蒙古人学习骑射,练就了一身跨马如飞、百发百中的武艺。因此,她并不只是个书香才女,还是个英气勃勃的侠女。这在当时也是极为难得的。她也为自己而骄傲,曾作诗道:“足行万里书万卷,尝拟雄心胜丈夫。”

她和当时的名门闺秀一样饱读诗书,因此,吟诗作词自然是她所擅长的。但她的写作得益于她的视野,不仅题材越出了闺阁之外,其气魄和风格也是一般闺秀难以企及的。她属于那个时代,同时又超越了那个时代。她曾经写有一首《登焦山》,也是闺阁“雄风”:

峰势长江矗,涛飞天外声。
潜虬能护法,征士独留名。
塔字金山寺,人家铁瓮城。
凭高一纵目,东望海云平。

她另有《题素心兰画幅》。虽然题画诗是闺阁常用的题材,但在王贞仪笔下,也是豪迈大气,无脂粉气。她在诗中寄予了自己的抱负,其中写道:

交从至淡方称契，品到无瑕始见真。
裁我瑶笺惭报语，不教青眼误埃尘。

铁汉亦有柔情，英气勃勃的王贞仪当然也有柔情与细腻的时候。她的《下邳夜泊》便呈现了她清丽婉转的女儿之音：

黄石城头雨未干，晚风吹送角声寒。
扁舟莫道小如叶，载得春愁分外宽。

在少女时代，祖父和父亲是她的引路人与保护者。王贞仪25岁时，嫁给了宣城秀才詹枚。在当时已经是晚婚了，但她却嫁得很好。詹枚爱她、懂她、珍惜她，并和她祖父和父亲一样，为了让她静心读书和研究，尽全力给了她最大的支持，尽力为她支撑起一片广阔的天空。

在操持家务之余，王贞仪仍然保持着少女时读书思考的习惯，手不释卷，笔耕不辍。而詹枚欣赏并钦佩妻子的才华，与她一起读书，并亲自协助她整理誊录书稿。为了出版她的著作，他四处奔走，费了不少心思。

当时对她批评的声音也不绝于耳。一个闺中少妇，居然还想挑战历算，当时有人便说"历算非闺阁所宜"，甚至还有人说她是"幼而无知"的"闺中狂士""抗行古文之女史"。王贞仪并不是逆来顺受的女子，她没有保持沉默，而是一一攻辩反击，并叹道"往往论学术，断不重女子"，"岂知均是人，务学同一理"。她还在诗中抒发自己的学术理想："丈夫之志才子胸，谁言女儿不英雄！"

而她的确也取得了令人瞩目的成就。她在研究中，吸取了中西方历算的优点，并取长补短，化繁为简，灵活运用。她在《勾股三角解》中论述："中西固有所异，而亦有所合。然其法理之密、心思之微，而未可以忽视。夫益知理求是，何择乎中西？唯各极其兼收之义。"

她仰望星空，对宇宙充满了兴趣。少年时她便已遍览中外天文著作，嫁人后在丈夫的支持下她仍然长年坚持夜观天象。星汉灿烂中，王贞仪奋笔疾书，积累下了第一手的天文数据资料。她对西洋传入的天文学也是积极学习，批判吸收，她认为"西历虽至密，亦未能言概准"，"有所行，即有所不行；有所是，即有所不是"。

如此孜孜不倦地读书与研究，自然结出了丰硕成果。王贞仪的著述累计有 56 卷之多。在数学方面的主要论著有《历算简存》5 卷、《筹算易知》、《重订筹算证讹》和《西洋筹算增删》等；天文学方面有《星象图解》2 卷、《象数窥余》4 卷、《岁轮定于地心论》等；诗词文学方面的有《德风亭初集》14 卷、《德风亭二集》6 卷、《文选诗赋三评》10 卷、《女蒙拾诵》1 卷、《沉疴呓语》1 卷等。

历代学者对王贞仪的评价都是很高的。清代著名史学家钱大昕赞扬她为"班昭之后，一人而已"。桐城学者萧穆在《女士德卿传》中赞扬王贞仪"兼资文武，六艺旁通，博而能精"。南京藏书家朱诸为《德风亭集》写的跋中说："德卿于书，无所不窥，工诗古人辞，尤精天算，贯通中西。自古才女如谢道韫、左棻之属能为诗矣，未闻其能文章也；曹大家续汉史矣，宋宣文传周官矣，未闻其通天算也。德卿以一人兼之，可不谓彤管之杓魁青闺之收并乎？"

但因为劳累过度，再加上天生体质柔弱，清嘉庆二年(1797)，王贞仪病倒了。而病中她仍然不废诗书，观察星象，坚持著述，又加重了病势。她精通医理，自知自己时日无多，忧伤地写下："一春春事又匆匆，不尽愁中尽病中。""病添诗客债，愁借睡魔功。"

临终前，她嘱咐詹枚将手稿全部交给她在金陵的挚友蒯夫人，并对丈夫说:“君门祚薄,无可为者,我先君死,不为不幸。平生手稿,为我尽致蒯夫人,蒯夫人能彰我。”蒯夫人名叫钱与龄,是吴江人蒯嘉真的妻子,工诗善画,信厚明达。她不负所托,将王贞仪的大部分著作印制出来。蒯夫人的侄子钱仪吉,曾为王贞仪《术算简存》一书作序,序中说:“贞仪有实学,不可没,班惠姬(班昭)后一人而已。”

去世时王贞仪年仅 30 岁。王贞仪去世后几年,深爱她的詹枚也郁郁而终了。两人并没有留下子女。

汪端

回首欢悰似隔尘，玉梅花下泪纵横

汪端1793年出生于浙江钱塘（今杭州市）一个书香世家，字允庄，一字小韫，清代女诗人。

她祖父名汪宪，很早就中了进士，官至刑部员外郎，家里的振绮堂藏书之富，甲于杭州。汪端的父亲汪瑜，曾有候选布政司经历，工诗善琴，并精于医道。汪端的母亲出身名门。生在这样的家庭，汪端自然成为一代才女。汪端母亲早逝，父亲汪瑜没有再娶，专心教育两子两女，最终使之成才。在子女之中，汪端年龄最幼，父亲爱若掌上明珠，怕自己过于慈爱教导不好女儿，还特地请来秀才高迈庵教她读书。

汪端却调皮爱玩，一放学便去烧草熏蚁为乐，而父亲虽然生气，却很是爱怜她，不忍责骂。汪端虽然调皮，却生性聪慧，她诵木华《海赋》，两遍即能背诵，不遗一字。父亲极感安慰。

她不但读书过目不忘，而且还极有主见。父亲见她喜欢诗，便取宋元明及本朝人诗集给她读。她一过目辄弃去，独留高青丘、吴梅村两家,既而去吴留高。父亲问是何故,答:“梅村浓而无骨,不若青丘澹而有品。”虽然小小年纪,但她对诗歌已经有了自己的见解,她从此奉《青丘集》为圭臬。高青丘便是高启,明初著名诗人,文学家,学问渊博,能文精诗,诗兼采众家之长,与刘基、宋濂并称“明初诗文三大家”,又与杨基、张羽、徐贲一起被誉为“吴中四杰”。

有一次,汪端应父亲之命赋春雪诗,诗才惊艳,当时人以为不减柳絮因风之作,因此汪端又被呼为“小韫”,意为有东晋谢道韫之才。

汪瑜疼爱女儿,为她未来的幸福也作了妥善安排。他曾听友人华秋槎称赞陈文述的儿子陈裴之才华出众,特地到苏州访察。他看到陈裴之《春藻堂初集》后,叹为隽才。

陈裴之,字孟楷,又字朗玉,因为父亲陈文述字云伯,所以他又字小云。小云幼承家学,声名早著,人称“神清似卫叔宝,才略似温太真,文章经济似贾长沙,风流儒雅似周公瑾”,有国士无双之目。

汪瑜当即便请华秋槎做媒,与陈文述结秦晋之好。嘉庆十二年(1807),汪端与陈裴之订婚,当时汪端15岁。

正当汪端对未来充满憧憬时,不幸却继踵而至。嘉庆十四年(1809),长兄卒于四川军营,没过多久,一向疼爱她的父亲也因为心痛长子之死,悲伤过度而逝世。汪端无忧无虑的生活从此结束了,她一下子成了无父无母、无依无靠的孤儿。

幸好,姨母梁德绳在这时向汪端伸出了温暖的手,把她接到自己家。梁德绳以诗名于时,著有《咏春轩诗草》,并主持风雅,号为闺秀龙门。她还曾经续写当时风靡一时的弹词小说《再生缘》。

汪端在姨母家,终日独坐一室默诵唐诗,遇意得处,嗑然而笑,一家上下都认为她是书痴。梁德绳见甥女有异才,乃悉心授以诗。姨父许宗彦是当代名诗人,著有《鉴止水斋集》。他每见汪端所作,必为指示瑕疵，使修改臻于完善。汪端有《落叶和楚生姨母》，许宗彦有《落叶和汪小韫姨甥女》，都是当时所作，想见一室唱和之乐。

嘉庆十五年(1810)二月初五，18岁的汪端与陈裴之喜结良缘。汪端与裴之伉俪甚笃，夫妻俩当时被称为金童玉女，时人以祁彪佳、商景兰夫妇相比拟。嘉庆二十一年(1816)初，她有《丙子孟陬上旬与小云夜坐以澄怀堂集自然好学斋诗互相商榷偶成二首》，不仅表达了夫妻二人“花落琴床春展卷，香温箫局夜谈诗”的温馨甜蜜，还宣明了自己“不将艳体斗齐梁，不骛虚名竞汉唐”“明珠翠羽非吾好，善病工愁未是痴”的写作态度。

汪端过门不久，婆婆为考察她的才学，要她作一首题画诗。她便作了一首《姑大人命题〈花海扁舟图〉》诗，诗中写道：

清绝溪山好卜居，铜坑铜井可能如。
生平亦抱烟霞癖，应许同游侍著书。

公公陈文述对这位才貌双全的儿媳妇显然也十分赞赏，认为儿媳胜过了自己的儿子，《再成一首示芹儿并示新妇汪端》云：

应笑痴人有痴福，果然佳妇胜佳儿。
崔卢门第吾犹愧，鲍谢才名我所知。

汪端本有才名，嫁到陈家之后，更如鱼得水，当时前辈闺秀诗人李佩金、归懋仪、王琼以都赞赏她的诗才，和她约为姊妹。仅由她的诗集《自然好学斋诗钞》的酬赠题挽所见，她交往的闺秀就有恽珠、曹贞秀、席慧文、吴苹香等60余人。曹贞秀曾称赞她的诗“沉雄古厚，绵缈悱恻，扫尽脂粉习气；每一篇出，惊倒耆宿”。

陈裴之虽然颇有才华，但功名之途颇为坎坷。汪端后来生了两个儿子，长子孝如早夭；嘉庆十八年(1813)生次子孝先(后改名葆庸)，身体孱弱。汪端思念长子，又担心次子身体，时常愁眉不展，曾作《丁丑人日感旧作》：

回首欢惊似隔尘，玉梅花下泪纵横。
又逢翦彩传觞节，不尽悲离感逝情。

这时她才25岁，但幸福的日子似乎已经提前结束。嘉庆二十四年(1819)，公公婆婆双双病倒，汪端与裴之一同斋祷，立愿持斋三年，诵《观音经》，从此夫妇分室。

汪端自幼博览前人诸家诗集，嗜读高启诗，对有明一代诗歌早有自己的看法。明洪武初，苏州知府魏观修复府治旧基，高启为之作《上梁文》。因府治旧基原为张士诚宫址，有人诬告魏观有反心，魏观获罪被诛。高启也受株连，被处以腰斩而亡，死时才39岁。有一次，汪端披阅《明史》，对高启后来所遭受的悲惨命运愤愤不平。当时文坛上对高启并不重视，钱谦益、沈德潜诸人也贬低他的诗作价值，而这也让汪端决心自己编选一部明诗选，为高启正名。于是，她在为公婆长斋祷病期间，完成《明三十家诗选》的编撰。

为了编选这本书，她晨书暝写，经常熬夜，竟至患神经衰弱，难以成眠。全书分2集，各8卷。初集正选13家，附录22人；续集正选17家，附录48人。每家系以事略，旁采前人评论，以备参考。在《明三十家诗选》例言中，有汪端论诗一段。她认为，诗不可以不“清”，而不可以不“真”：“清”者，诗之神也；“真”者，诗之骨也。诗以词为肤，以意为骨。

这本诗选一扫明代前后七子“文必西汉，诗必盛唐”的习气，充分肯定了高启等杰出诗人。姨母梁德绳高度评价汪端的这部诗选，并为她作序。

《明三十家诗选》一经刊印行世，就博得一致称赞。恽珠赞其“深于诗学”“知人论世，卓尔大家”，近代以来诗家也一致肯定汪端的选目远胜于朱彝尊、沈德潜。以女子操选政而胜于须眉，这在历史上也是绝无仅有的。

另外，她又曾节录《明史》，搜集佚事，写成平话体小说《元明佚史》18 卷。她也因此成为文学史上仅有的一位女性通俗小说作家。

但汪端因选明诗而患神经衰弱，经常失眠，服参芪也无效，自以体弱不任中馈，又以子嗣不广，于是请为裴之纳妾，娶秣陵王紫湘。

王紫湘也是个颇有才华的女子，生性温婉体贴，为汪端分担了不少家中琐事。此后汪端静养数年，病况稍愈。不幸的是，王紫湘入门两年便病逝了，汪端为之伤恸，作《紫湘词》哭之。连续打击之后，汪端身体每况愈下。

更大的打击还在后面，道光六年(1826)，丈夫陈裴之客死汉皋。陈裴之死后，汪端又伤痛成病，“肠断遗文扶病校，忍哀还抚膝前孤”。

然而她还没来得及整理好自己的悲伤，又受到了更大的打击，小儿子陈葆庸知道父亲的死讯，惊悸失常，久治不愈，也跟着父亲去了。这时汪端才 34 岁，尽日操劳，备受打击，已早生华发。她在《七夕送怡珊姊之越》诗中说“中年我是伤心者”，在《题吴节妇漏屋茹冰图并柬令娣顾螺峰夫人》诗中说“我亦茹冰饮蘖人”。

她早年丧母，少年丧父，中年丧夫丧子，人生最大的悲痛她都一一尝尽，已经生无可恋。在《叶琼章自写双美图》上，汪端也曾题诗云：“落花风是返生香，自古仙才命不长。”她是说早逝的叶小鸾，也是说她自己。

道光十八年(1838)冬,汪端在无尽的愁怨悲痛中去世,年仅45岁。陈文述痛不堪言,为作《哭子妇汪宜人》四律:"玉女金童膝下人,佳儿佳妇说无伦",儿子和儿媳,堪称一对佳儿佳妇,金童玉女,他一直以他们为骄傲;"墉城仙传呕心作,老泪淋浪更满巾",谁知道他们都早早离他而去,留下老人独悲,徒叫人痛彻心扉!

汪端临终称:"吾耳勿为著环,将转男身。"来世她希望做一名男子,免受这无穷无尽的悲痛煎熬。

沈善宝

放开眼界山川小，付与文章笔墨狂

沈善宝出生于1808年，字湘佩，号西湖散人，钱塘（今杭州市）人。9岁时，沈善宝全家随任义宁州判的父亲沈学琳离钱塘赴江西义宁（今修水市）。她的母亲吴浣素也是当时名媛，常与师友唱和，还出过诗集。

沈善宝在母亲的熏陶下接受了良好的教育，小小年纪就已经有卓然才思。她11岁作《新笋》小诗，已见其诗才功力：

庭前新竹笋，今尚短于兰。
待到干霄日，人皆仰面看。

随后，她先后跟随陈箫楼、顾逸、李世治等老师学习诗艺与画艺，终能诗画皆善。她曾写诗记叙学习情景：

槐市春风坐几年，楼高百尺得薪传。

闭门觅句花初落，按拍填词乐正圆。

除了文才出众之外，沈善宝还见识超卓。当时士人李世治曾评价她“吐属风雅，学问渊博，与之谈天下事，衡量古今人物，议论悉中裒要”，并感慨“于闺阁中得遇此奇伟之才”。

沈善宝的童年时光是甜柔无忧的，居于西子湖畔，父慈母爱，又有一群一同玩闹的兄弟姐妹。她的《名媛诗话》中就有一段关于童年的回忆：“吾乡西湖佳处，全在真山真水，所以四时风景及阴晴朝暮，姿态不同，月夜更为清绝。烟波浩渺，一望无际。偶见数星渔火，出没芦汀菱溆而已。盖限于城闱，无人作秉烛游也。先慈在时，每年六七月之望，必招姊妹携儿女泛舟游玩，觞咏达旦。家兄等亦邀一二至亲之善音乐者，别驾一周，相离里许。万籁皆寂，竹肉竞发，歌声笛声，得山水之助，愈觉空灵缥缈。维时明月如画，荷气袭人，清风徐来，水天一色。想广寒宫阙《霓裳羽衣曲》不是过也，令人有飘飘出尘之致。”

嘉庆二十四年(1819)，沈善宝父亲为同僚所谮，被罢职，遂自杀于江西义宁州判任所，当时沈善宝才 12 岁。岁月静好的闺中生活忽然失去了为她撑起一方蓝天的父亲，她提前结束了无忧无虑的岁月，坚强地面对残酷的现实，仿佛瞬间长大了。

居丧数年中，沈家宦囊如洗。沈善宝虽然年龄幼小，却有奇慧，她一方面不畏艰辛，刻苦读书，一方面在外奔波，卖诗鬻画，以奉养母亲及弟妹。家庭的重担全部压在这个少女的肩膀上，但她却坚强面对，从不退缩。她实际上还有二兄三弟，但沈氏兄弟对家庭并没有任何贡献，全靠她一人东奔西走，资助兄弟读书。

后来母亲改嫁，家庭条件终于改善了许多。沈善宝得到继父姚昀的资助，陪伴母亲扶着亡父的灵柩，移家归杭。

终于回到了家乡,沈善宝以为自己可以稍微松一口气了,却没有想到家庭又遭受了更大的变故。不久,母亲不幸去世,弟弟善熙、妹妹兰仙也相继夭殇。沈善宝境况愈加窘迫,于是只得奔走四方,继续鬻诗售画,积资而归。她独自一人,把自父亲以下的 8 个人,都一一归葬祖坟,"又因伯祖育亭、庶伯祖母邵氏、庶祖母杨氏、叔纶新,殁后俱无子嗣,亦并葬之"。她"独立经营八棺","聚资葬其父母伯叔弟妹于丁家山祖墓"。沈善宝后来的诗词中,也对这段经历有所记录感慨,如《自伤》:

敢矜笔墨作生涯,菽水难谋事可嗟。
椿树无阴留几席,荆枝半误是烟花。
冲寒远踏三齐雪,破浪危乘八月槎。
负米归来亲弃养,伤心血泪染衰麻。

寻常女子遭受如此重大变故,必当撕心裂肺、心灰意冷,但沈善宝并非寻常女子。她虽然痛苦至极,却并未被压倒,而是在痛苦中重新站了起来。天地茫茫,而她已无父无母,无牵无挂,于是决定独自一人走南闯北。

就这样,整个青年时期,沈善宝独自游历,大大开阔了视野,这使得她的诗词呈现出不同于一般闺阁作品的文秀之气,而有豪迈胸襟。她21 岁时,便曾写《渡黄河》:

我欲乘槎游碧落,不愁无路问银潢。
放开眼界山川小,付与文章笔墨狂。

她后来又不止一次地乘舟横渡长江,写下了两首《满江红》词,都是壮怀激烈。其中一阙《满江红·渡扬子江感赋》是这样写的：

滚滚银涛，泻不尽、心头热血。想当年，山头擂鼓，是何事业！肘后难悬苏季印，囊中剩有文通笔。数古来、巾帼几英雄？愁难说。

望北固，愁烟碧。指浮玉，秋阳赤。把篷窗倚遍，唾壶击缺。游子征衫搀泪雨，高堂短鬓飞霜雪。问苍苍，生人欲何为？空磨折。

沈善宝也有着女子特有的细腻缠绵，她曾作有一首《虞美人·冬夜听雨》，满是愁怨哀戚之意，展现了她豪情之外的女儿之态：

打窗落叶声萧瑟，寒气灯前逼，病来诗思已无聊，添得这般情景助魂消。

霜鸿阵阵飞来急，岂有愁难说，一番疏雨一番风，知否有人憔悴小楼中。

道光十五年(1835)，她结识了钱塘(今杭州市)著名女诗人梁德绳、吴藻等。她们一见如故，相互钦佩欣赏。吴藻更是与之“一见倾心，遂成莫逆”，她还写下一首诗盛赞沈善宝：

寒梅高格出风尘，一笑相逢爱性真。
多少西泠名媛作，环花阁外更何人？

沈善宝很为自己的闺友们骄傲。她在《名媛诗话》中记录道：“吾乡多闺秀，往者指不胜屈。近如梁楚生太夫人(德绳)及长女许云林(延礽)、次女云姜(延锦)……汪小韫(端)、吴苹香(藻)……龚瑟君(自璋)。

诸君诗文字画，各臻其妙。”沈善宝经常与闺友们一同交游酬唱，她也把这些一一记入了《名媛诗话》之中。她的德行和毅力，为当世所称许。后来她被浙江盐大使、安徽庐江人陈克钰收为义女，并由陈克钰做主，嫁给山西太原知府武凌云为继妻，道光十七年(1837)，沈善宝跟随丈夫北上入京，这时她已经30岁了。

入京这一年也是她一生中最为关键的转折点。而她一生的行迹与文学交游，也是以这个节点来分为前后两期。前期沈善宝基本是在在江南活动，所交往的也是江南才媛，此时期的诗词创作汇编为《鸿雪楼诗初集》(4卷本)与《鸿雪楼词》，成为其前期文学创作成就的总结。来京之后的17年时光，是沈善宝一生之中最为安定的日子，她作下一生中最重要的女性诗学著作《名媛诗话》。只是这期间，幼女紫薇与次子友悖先后病逝，对她打击甚大。

在北京，沈善宝的交往对象除了以往的江南才媛之外，还增添了各地赴京及在京的才媛，交际圈子进一步扩大。她还和当时的著名女词人顾太清等人结成“秋红吟社”。诗友们热衷于赏花饮酒，四时诗会，及各类闺中风雅韵事，并以此分韵联吟。诗社成员均因父亲、丈夫或者公公在京为官而居京城，来自全国各地。因此“秋红吟社”比之“蕉园诗社”又往前进了一步，是跨地区、全国性的诗社性质。也正因为这个全国性的诗社以及北京的中心地位，让沈善宝在全国得以扬名。

道光二十八年(1848)秋，沈善宝与丈夫携次女笺霞同行离京南归，先至安徽来安，后返抵杭州，之后或到其他地方漫游。道光三十年(1850)冬日，沈善宝携次女友愉再次“返杭扫墓”；次年，即咸丰元年三月八日启程北上，途经嘉兴、扬州、桃源、皂河、邳州、圯上、铜山、东平、藤县等地，抵达京城。这次南归的时间前后有两年多，活动地域也从安徽、杭州，扩展至嘉兴以及扬州，并与各地的才媛都有相当频密的文学交游活动。

正是在广泛结交各方才媛、搜集才媛资料的基础上，沈善宝花费了10多年时间，编撰了女性诗学著作《名媛诗话》，采录清初顾若璞至咸丰初陆蓴辉诸名媛诗，兼及题壁、方外、乩仙、朝鲜诸作，评论人数达716家，地域以江南为主，遍及全国。沈善宝有感于“南宋以来，各家诗话中多载闺秀诗，然蒐采简略，备体而已”，且闺秀诗“湮没无闻者不知凡几”，故“不辞摭拾搜辑而为是编。惟余拙于语言，见闻未广，意在存其断句零章。话之工拙，不复计也”。《名媛诗话》还以她为中心，记录了闺秀诗人交往的大量史实，其中她所参与的“秋红吟社”最为详细。

同治元年(1862)六月十一日，沈善宝溘然长逝于北京，时年55岁。

沈善宝的一生本是极其不幸的，少年丧父，青年丧母，生活孤苦，大龄晚婚，但她从来没有消沉，而是一直积极奋斗，终于让自己的人生熠熠生光，不仅拥有了美满的家庭，自己也成为一代才女。而在所有才女之中，她又是极其特别的一个，不仅创作了大量的诗词，她还有着高度自觉的女性诗学意识，撰著了《名媛诗话》，收集并评点女性文学创作成就，具有重大的文学价值和社会意义。

淡淡轻烟，溶溶院落，月在梨花

顾太清

顾太清，名春，字梅仙，原姓西林觉罗氏，满洲镶蓝旗人，清代著名女词人。她与纳兰容若齐名，在清代素有满洲词人“男有成容若，女有顾太清”之称。太清多才多艺，且一生写作不辍，她的创作涉及诗、词、小说、绘画。

沈善宝《名媛诗话》说她“才气横溢，援笔立成。待人诚信，无骄矜习气，唱和皆即席挥毫，不待铜钵声终，俱已脱稿”。太清三四岁时即由祖母教字，六七岁时家人为她专门请了老师教文化。太清极为聪慧好学，才名远播。

太清出身非凡，祖父鄂昌是清代雍正年间（1723－1735）声名显赫的大学士鄂尔泰的侄子，历任陕西、四川、广西等地巡抚。乾隆十四年（1749），鄂尔泰病死，他的得意弟子胡中藻失去在朝廷中的依傍，备受张派党羽打击。他心情烦闷之下，写了不少诗以解郁。乾隆二十年

(1755)，胡中藻诗集《坚磨生诗钞》中“一把心肠论浊清”之句触怒了乾隆帝，乾隆帝又在诗集中找出了许多“悖逆”的诗句。因此胡中藻获罪，被判斩立决。鄂昌因曾与胡中藻唱和，又是鄂尔泰之子，遭到连坐下狱，并由此引出诸多罪责。乾隆帝下令抄了鄂昌的家，并赐死鄂昌。

因为这场文字狱，顾太清家族受到很大牵连。本该富足优游的书香门第，却不幸遭到文字狱牵连。自此家产籍没，家道中落。

顾太清在北京香山健锐营出生时，家境已非昔比。因此，太清的童年是在贫寒和流徙中度过的，曾辗转浙江、福建、广东等地。对此她的丈夫奕绘曾云：“此日天游阁里人，半生尝尽苦酸辛。”对她早年所经历的坎坷甚是怜惜。

顾太清后来所作的《定风波·恶梦》中亦有云：

事事思量竟有因，半生尝尽苦酸辛。望断雁行无定处，日暮，鹡鸰原上泪沾巾。

欲写愁怀心已醉，憔悴，昏昏不似少年身。恶梦醒来情更怯，愁绝，花飞叶落总惊人。

在顾太清年老之后，还在梦里见到少女时代曾经邂逅的苏州香雪海。一梦醒来，她作下《江城子·记梦》：

烟笼寒水月笼沙，泛灵槎，访仙家。一路清溪、石桨破烟划。才过小桥风景变，明月下，见梅花。

梅花万树影交加，山之涯，水之涯，淡宕湖天、韶秀总堪夸。我欲遍游香雪海，惊梦醒，怨啼鸦。

长大后，才貌双全的太清，因一次偶然的机缘，被乾隆曾孙多罗贝勒奕绘遇见。一瞥之下，只有16岁的太清的倩影便在同是16岁的奕绘心中萦绕，挥之不去。只是待到二人真正结缘，却到了10年之后。大约是因为太清是罪臣之后，两人的结合遭到了来自奕绘家族的反对。但奕绘不顾一切，毅然选择了与太清长相厮守。

终于，冲破了重重阻力，太清以侍卫顾文星女儿的名义，被选为奕绘侧福晋。嫁给奕绘时，太清已经26岁了。他们从一见钟情，到百转千回，永结同心，两人经历了诸多坎坷，却一直都不肯放弃，终于花了10年青春，成就了彼此的姻缘。正是因为婚姻得来不易，使得两人在婚后的相处之中更懂得珍惜。

婚前，太清只会作诗，而婚后，在丈夫指导下，她开始学作词。太清极为聪慧好学，词作清典雅灵慧，为人所称道，才名远播，最终成为了一代词家。

奕绘和太清是同年所生，年貌相当，两人都擅长诗词绘画，各种文学体裁皆有涉猎，称得上是神仙眷侣。太清著有诗集《天游阁集》和词集《东海渔歌》，共约千首诗词。这两部诗词集，是和丈夫奕绘的《明善堂集》《南谷樵唱》对称命名的，乃至"太清"之号，都是与奕绘的"太素"之号相对。

奕绘深爱太清，把所有的爱都倾注在了她身上。作为皇族，他们无须为衣食担忧。而奕绘并无争权野心，所好者，也不过吟诗作对、游山玩水、探幽寻古、对月赏花等风雅韵事，这些也正是太清所喜的。奕绘还喜欢收藏一些文人字画、奇珍异宝。二人共同欣赏把玩，并为其写诗作曲。太清在《鹧鸪天·冬夜》中小引中写道："冬夜，听夫子论道，不觉漏三更矣，盆中残梅香发，有悟赋此。"词中所写的，便是夫妻二人夜半读经心有所悟的乐趣：

夜半谈经玉漏迟，生机妙在本无奇。世人莫恋花香好，花到香浓是谢时。

蜂酿蜜，蚕吐丝，功成安得没人知？恒沙有数劫无数，万物皆吾大导师。

正因为夫婿的体贴和支持，太清过着逍遥自在的生活，与当时的闺秀相比，她更显得视野广阔，胸襟博大。她的《天游阁集》《东海渔歌》清晰地记录了她游赏京郊的行迹。

顾太清《东海渔歌》中有大量的咏物词，生活中的寻常物件在她笔下都显得诗意盎然。而在咏物词中，咏花词占据的比重最大。她歌咏的花儿有梅花、海棠、石榴花、绣球梅、茉莉等，她将身边的花草随手拈来作为她画中的主角，或者凝结为词的意象，写得清新流丽。比如这首一首《苍梧谣·正月三日自题墨牡丹扇》：

侬，淡扫花枝待好风。瑶台种，不作可怜红！

宛若行云流水，且带着一份独立的傲骨。

顾太清师法宋代词人周邦彦与姜夔，因此，她的咏花词也多借鉴宋人技法，意象丰富，用典自然，深得宋词之趣。如她所作的《蝶恋花·黄葵》：

小院钩帘人睡醒，曲角栏干，移过重重影。似水天光云叶净，微凉略觉风儿劲。

不卷轻罗花态胜，慢卷轻罗，一片斜阳冷。浅淡衣裳妆束靓，比肩惟许芙蓉并。

她所作的咏花词更多的是含蓄端庄，有大家闺秀之风，如《云淡秋空·八月廿一，屏山姊招看桂花》词云：

傍午忽传。良朋邀我，秋色同看。金粟香飘，碧天云淡，画阁人闲。

郇厨珍品堆盘。酌杯酒、纱窗曲栏。帘卷西风，衣添半臂，共醉花间。

秋日午后，天高云淡，顾太清与友人同游去看桂花，品佳肴，喝美酒。细小如米粒的花朵在画阁纱窗前散发出馥郁清香，令人身心俱醉。这是贵妇人才有的富足娴静的生活，词中满是恬静满足之意。

在师法宋词技法的基础上，顾太清的咏花词也形成了自己独有的风格。她的词作风格并不单一。在端庄含蓄之外，她的词也婉约生动，灵气横溢，如这首《南乡子·惜花词》：

一夜妒花风，吹过栏干第几重？何事封姨情太薄，匆匆，零落深丛与浅丛。

春冷逼房栊，晓起开帘扫落红。风势未停天又雨，蒙蒙，乱卷飞花小院中。

在这首词里，花落满地，她认为是“封姨”（风）太过薄情，嫉妒花儿的美貌，因此令花儿零落纷飞，既嗔怪风的薄情，又赞美花的美貌，虽然是惜花，却并没有颓丧惆怅之感，而是一派明丽轻快。风和花，在她笔下都成了有灵之物。

太清与当时的女作家交往很广，除京师官宦女眷外，与江南名媛梁德绳、许云林、许云姜等均有密切来往，与吴藻也有诗词递赠。她和沈善宝尤其要好。顾太清曾经以曹植、李清照作比沈善宝，说“初逢宛似旧相识，更羡当筵七步才”，更赞她“不容漱玉擅风流，一卷新词记胜游”。

在顾太清40岁那年，奕绘突然得了重病，就此一病不起，不到一个月时间，就抛下了顾太清和儿女们离开人世。痛失所爱，顾太清心灰意冷，悲痛欲绝。正是闺媛诗友的鼓舞，使她有勇气扛起生活中接连不断的打击。那些陪伴她终生的情谊不仅滋润丰富了她的精神世界，更激发着她对词的艺术创作热情。

她写下了一首《早春怨·春夜》，虽然有愁怨悲伤，但毕竟在渐渐淡去，生活开始恢复宁静：

杨柳风斜，黄昏人静，睡稳栖鸦。短烛烧残，长更坐尽，小篆添些。

红楼不闭窗纱，被一缕、春痕暗遮。淡淡轻烟，溶溶院落，月在梨花。

词中“淡淡轻烟，溶溶院落，月在梨花”句，化用宋代词人晏殊“梨花院落溶溶月，柳絮池塘淡淡风”之诗句和宋代词人陈亮的“记得那人，和月折梨花”之句。整首词人在景中，情蕴景内，动静相宜，情景交融。

此时，却有一件意想不到的事情发生了。与顾太清交往密切的诗友中，就有当时的著名诗人龚自珍。龚自珍出身于书香世家，才华横溢。顾太清极为欣赏他的诗文。这年初秋，龚自珍写了一组《己亥杂诗》，其中一首为：

空山徒倚倦游身，梦见城西阆苑春。
一骑传笺朱邸晚，临风递与缟衣人。

在诗后还有一句小注："忆宣武门内太平湖之丁香花。"龚自珍在写了这首诗后不久，又有一阕记梦的《桂殿秋》词传世，词云：

明月外，净红尘，蓬莱幽窅四无邻。九霄一脉银河水，流过红墙不见人。

惊觉后，月华浓，天风已度五更钟。此生欲问光明殿，知隔朱扃几万重。

诗中所提到的"缟衣人"，有人猜测是顾太清。很快，京城里流传开了有关顾太清与龚自珍的绯闻，这对于素来洁身自好的顾太清来说是灭顶之灾。龚自珍和顾太清有口难辩。当时曾朴的小说《孽海花》还把这件绯闻写了进去，直接用的他们真名。也有人认为这段轶事纯粹是虚妄捏造，顾太清实属冤枉。

因为这件事，顾太清被奕绘与嫡夫人所生的儿子载钧逐出王府。她只得在西城养马营租了几间破旧的屋子，安置自己和儿女。后来她变卖自己的金凤钗，购得一处住宅，并"赋诗以纪之"：

仙人已化云间鹤，华表何年一再回。
亡肉含冤谁代雪？牵萝补屋自应该。
已看凤翅凌风去，剩有花光照眼来。
兀坐不堪思往事，九回肠断寸心哀。

在这首诗里，她表达了自己“亡肉含冤”的委屈。“亡肉含冤”典出《前汉书·蒯通传》：“里妇夜亡肉，姑以为盗，怒而逐之。妇晨去，过所善诸母，语以事儿谢之。里母曰：‘女安行，我今令而家追女矣。’即束缊请火于亡肉家，曰：‘昨暮犬得肉，争斗相杀，请火治之。’亡肉家遽追呼其妇。”

从富丽堂皇的王府一下子落难，流言蜚语还有幸灾乐祸席卷而至，难以想象过惯了锦衣玉食惯生活的顾太清陡遭大变的心境，但是，看着儿女们清澈的双眸，顾太清只有忍辱负重地活下去，她的痛苦全在她的诗中：

陋巷数椽屋，何异空谷情。
呜呜儿女啼，哀哀摇心旌。
几欲殉泉下，此身不敢轻。
贱妾岂自惜，为君教儿成。

渐渐地，生性坚韧的她习惯了清贫的生活，看着儿女们在自己的抚养下渐通人事，聪明可爱，她的心渐渐宁静安详：

一番磨炼一重关，悟到无生心自闲。

探得真源何所论，繁枝乱叶尽须删。

顾太清对儿女一视同仁，对女儿的教育也很重视，曾告女儿“女工倘有暇，切勿废书篇”，女儿出嫁的时候顾太清还道“女子无才便是德，莫因斯语废文章”，叮嘱女儿不可因为传统思想而废除写作。

顾太清一生写作不辍，尤以词名重士林。在她多遭坎坷的晚年还自署“云槎外史”之名，著作章回小说《红楼梦影》，笔触细腻，细节刻画真实，融入了许多自身的生活体验，显示出了女性视角的独到之处，成为中国小说史上第一位女性小说家。太清还作有戏曲作品，著有《桃园记》《梅花引》。

陈芸

香梦未醒蕉梦熟，夕阳斜抹半楼红

陈芸，字芸仙，号淑宜，自称“道山女子”。清末侯官（今福建福州）人。她生于光绪十一年（1885），宣统三年（1911）卒于北京，终年27岁。

陈芸的父亲陈寿彭是当时的著名外交家、翻译家，曾游学日、英、法等国。母亲薛绍徽是清末著名女诗人、女学者，也是我国第一位女翻译家。1879年，福州举办地方文人“诗钟”比赛，奖金丰厚。年仅14岁的薛绍徽大胆冒充哥哥的名字投稿，结果她的作品被列为上选，领得赏金，并一举成名。

这次比赛对于薛绍徽的意义不仅仅是获奖和奖金，而是遇到了足以托付一生的良人。刚从船政学堂毕业并在福州诗坛颇负声名的陈寿彭得知才女获奖之事之后，慕名而来，一见倾心，并公开向她求婚。第二年，陈薛完婚，当时薛绍徽才15岁。

薛绍徽现存诗280首、词145首、文19篇。诗词文多为感怀时局而作。1900年，她与丈夫陈寿彭合作，首次把儒勒·凡尔纳的科幻小说

《八十天环游记》介绍给国人。陈寿彭是口译者，薛绍徽则是笔述。虽然薛绍徽不懂外文，却文辞清丽，文采飞扬。

陈芸从小随侍母亲薛绍徽，深受薛绍徽的影响。她5岁开始在母亲教导下读四书五经，从来又跟随舅舅读书，聪颖善记，得书阅一两遍，即能默诵，一个字也不遗漏。她从小饱读诗书，小小年纪便隐然有才女风范。她的父亲陈寿彭亦骄傲于女儿的才华，便常常以"司书"来称呼她。

13岁时，陈芸跟随母亲到上海与父亲陈寿彭团聚，陈寿彭便聘请了同在上海的好友陈右箴为儿女师。右箴善作诗，陈芸受益匪浅。陈右箴对女弟子的诗才也很赞赏，常常在陈寿彭面前诵读她的诗句，并以她为自己的骄傲。陈寿彭听诗句清雅流丽，功底颇深，不相信女儿小小年纪能作得如此好诗，甚至误会是老师陈右箴有所改易。陈芸特别喜好清朝闺秀诗集，陈寿彭便设法购置或借抄，陈芸皆宝之如珠玉。

15岁时，陈芸又跟随父母到宁波。当时薛绍徽产下幼子，产后失调，痨病加重，不能照顾家里，作为长女的陈芸从此便担起了整个家庭，"以家事为己任，辍学治薪米"，并抚养幼弟长大成人。此后12年，她把自己的主要精力都放在了照看病中的母亲身上，独立支撑着这个小家，一直都没有出嫁。父亲心中不忍，想给女儿择婿，每每试探其意，都遭到女儿拒绝。一旦父亲催促过急，陈芸便以"儿宁事母，弗知其他"为由推脱。

1902年，薛绍徽随夫离开宁波再到上海，协助陈寿彭翻译了《格致正轨》10卷。同年，陈寿彭外出任职。薛绍徽留居福州，她一直对女性文学极感兴趣，便趁这个时候独自编校了《历代宫闺词综》《国朝闺秀词综》(10卷)，并撰写了《外国列女传》(8卷)。1907年7月，邮传部调陈寿彭入京，全家北上。同年12月，薛绍徽因水土不服染病。但她并未停下手下的笔，1909 年，她开始撰写《国朝女文苑小传》，计划写 3000 余篇："自开清迄今，闺秀之诗文词可录者三千余家。"但她只写了百余篇，就因病情加剧而搁笔。陈芸协助母亲收集整理了不少资料。

薛绍徽诗、词、文、画皆工，少女时代便已出名，年轻时跟随丈夫游览了全国多个城市，见多识广，著述颇丰。而一旦卧病，连起居饮食都为难，在病中未免怏怏不乐。为了让病床上的母亲开颜一笑，也为了继承母亲的文心诗怀，陈芸精心搜罗了 600 多种清朝女性文集，一一注解，悉心评点，写下了一本七言绝句体的《小黛轩论诗诗》，共 221 首，涉及清代女性文人千余人。

陈芸在《小黛轩论诗诗・叙》中明确说明自己编写此书的目的就是为了保存并传播女性作品。受母亲影响，陈芸对传统的"女学"相当重视。她认为"女学所尚，蚕织、针黹、井臼、烹饪诸艺，是为妇功，皆妇女应有之事。若妇德妇言，舍诗文词外未由见，不于此是求，而求之幽渺夸诞之说，殆将并妇女柔顺之质皆付渚荒烟蔓草而湮没。微特隳女学，坏女教，其弊诚有不堪设想者矣！"这 221 首"论诗诗"，就其本身而言，多非上乘之作，就像陈寿彭所说的："此作若以诗言，可存不过数十首。但其间大半意在传人传集，有清一代女文献十罗八九。不如悉存其旧可矣。"

《小黛轩论诗诗》的每首论诗诗之后，都有小字注文，对该诗所论诗人的籍贯、身世及其诗文集甚至"遗事佳编妙句"等进行详细的注解说明，每首每句或巧妙地嵌入所论诗人的名号，或隐有所论诗文的作品集名，或夹有所论诗人的诗句。引用诗人姓名的论诗诗如："梅市高才商景兰。""启姬婉转以宁秀"说的便是顾姒和林以宁。顾姒，字启姬。林以宁，字亚清。作品集名入诗，则是截取诗集名的首二字。如"白云西去碧云东，兰蕴莲因竹斐风。香梦未醒蕉梦熟，夕阳斜抹半楼红"一诗中就包含《白云楼遗稿》《碧云轩诗钞》《兰蕴诗草》《莲因室诗词集》《竹斐遗墨》《香梦居集》《蕉梦》《夕阳红半楼诗存》八个诗集。陈芸以诗人之诗句入诗则采用将所论诗人的原句代入、将所论诗人原句作细微改动、从两句中各选三四字组成一句等三种方法。在论诗诗中，陈芸也附上了自己对诗句的看法。

陈芸在《小黛轩论诗诗》曾经评论随园女弟子："长真绮丽瘦吟纤，写韵听秋色相兼。二十八家弟子在，绛纱人坐白须髯。"陈芸还列出二十八位女弟子的名字与著述："席佩兰，字韵芬，洞庭山人。归常熟孙举人原湘。著《长真阁诗集》。金逸，字纤纤，苏州人。归陈茂才基。著《瘦吟楼诗草》。吴琼仙，字珊珊，平望人。归徐山民。著《写韵楼诗草》。骆绮兰，字佩香，句容人。归江宁徐某，早寡。著《听秋轩诗草》。孙云凤，字碧梧，钱塘人。归程某，早寡。著《湘筠馆集》。妹云鹤，字兰友。归全县丞玮。工填词、骈文，才与姊埒。张玉珍，字青珂，华亭人。归金茂才瑚，早寡。著《得树楼稿》《晚香居词》。廖云锦，字织云，清浦人。归马姬木，早寡。著《仙霞阁诗草》《纤云楼诗稿》。严蕊珠，字绿华，吴江人。著《露香阁诗草》。陈长生、陈淑兰、鲍之蕙。钱琳，字昙如。归汪茂才海树。王倩，字雅三，号梅卿，山阴人。陈基继室。著《问梅楼诗集》《洞箫楼词》。戴兰英，即子才侄妇，详下。毕智珠，详上。屈秉筠，字婉仙，常熟人。归赵子良。著《蕴玉楼诗钞》。许德馨，字兰如，号仙霞，江都人。归懋仪，字佩珊，常熟人。归上海李学璜。著《绣余小草》《听雪词》。袁淑芳，字丽卿，吴江人。王蕙芳，字秋卿，震泽人，丽卿兄嫂。汪玉轸，字宜秋，号小院主人，吴江人。鲍印，字尊古，常熟人。邵匏风继室。著《绿筠轩诗草》。孙廷桢，字绣墨，仁和人。张绚霄，字霞城，吴县人。毕秋帆尚书侧室。王玉如，云南人。某廉访侧室。王碧珠，字绀仙；朱意珠，字宝才：皆苏州人，俱汪心农侧室。卢元素，字净香，侯官人。钱东之侧室。”

每首论诗诗完成后，陈芸就让妹妹陈荭“摸索注之，论难于先慈前，至先慈顾笑，色霁而后已”。论诗诗给母女二人枯燥的生活增添了不少的乐趣，其乐融融。陈芸实现了自己的心愿，也使得母亲开颜开怀。

薛绍徽卧病多年之后，已经油尽灯枯，于1911年病逝。薛绍徽去世后，陈芸因长年侍候母病，本已憔悴不堪，加上她过于哀恸，肝病发作，在薛绍徽死后40多天也去世了。

薛绍徽和陈芸母女相继病逝后，陈寿彭痛彻心扉。时值辛亥革命，陈寿彭尽管空囊如洗，但还是命次女陈荭抄录好薛绍徽和陈芸的遗作，“以俟将来付梓”。在陈寿彭的努力下，1914年闰五月，薛绍徽和陈芸的遗作终于出版。薛绍徽文集《黛韵楼遗集》4册，4册的扉页分别由严复、陈宝琛、陈衍、林纾题署。陈芸遗集2册，分别为自己所创作的诗集《小黛轩诗集》和诗学评论集《小黛轩论诗诗》。